代幣經濟崛起

洞見趨勢，看準未來
精選全球 50 則大型區塊鏈募資案例

The Rise of Token Economy

Lessons Learned From 50 Hot ICO Cases

目次

新零售篇　197

作者序一
區塊鏈和代幣經濟的美麗新世界

王可言

　　有人問，我們為什麼在這個時間點出版一本有關區塊鏈代幣經濟和 ICO 的書？ICO 不是正在谷底嗎？

　　其實，沒有人知道 ICO 和自 2017 年以來便紛紛擾擾的幣圈，到底觸底了沒有，或是何時會再度爆發。甚至，沒有人知道 2018 年 12 月中的反彈，是真的回溫，還是只是再往下滑的一個暫時中繼點。投資的過來人都知道，業餘者是高進低出，專家則是低進高出。何時是低點並不重要，重點在於未來的走勢是往高還是往低。

　　為甚麼大多數產業分析專家認為區塊鏈和運用區塊鏈的代幣經濟，是自網際網路和電子商務問世以來，最具顛覆性的創新？我們的看法是：區塊鏈有兩大價值，包括在缺乏信任的環境中透過分散式共識機制取得可信賴的決策，以及透過代幣經濟激勵利益相關者對價值鏈做出貢獻。在這個全方位通路、O 型企業與需求驅動製造等產業方興未艾的時刻，讓大家對其在電子商務、通路、物流、倉儲、製造、政府、健康照護醫療等產業的顛覆充滿了憧憬。在這樣的環境下，運用區塊鏈的代幣經濟，在 2017 年起，掀起了一波 ICO 眾籌的狂潮。

　　雖然區塊鏈在擴充性和效能上還有所不足，可能還需要 1 至 2 年才能在產業應用上發揮其價值，區塊鏈新創的新形態募資模式──ICO，卻已對早期創投產業產生了衝擊。但是由於 ICO 詐欺的氾濫、代幣價格的過度炒作，

以及項目實質價值創造的遲緩等種種因素，近來數位代幣價值普遍大跌，較之 2018 年初的最高點，已跌了 7 倍以上；許多 ICO 更是淪為空氣幣，一文不值。

時至今日，投資大眾和創投業對區塊鏈與代幣經濟的狂熱，以及惡幣驅逐良幣的劣質公司充斥的現象，就像是當年網際網路和電子商務發展早期所引發之瘋狂投資的翻版——網際網路的泡沫，培養出大量的網際網路及電子商務公司，也吸引了許多意在詐欺，或是資質不佳的公司投入。這些公司不負責任的畫餅行為，產生了惡幣驅逐良幣的效應。許多早期投資電子商務的投資人，在 2000 年網際網路泡滅後血本無歸，但是網際網路泡沫的破滅，也把資質不佳的惡幣一併淘汰，為資質優良的好公司開出一條血路。今天全球市值最高公司，幾乎都是網際網路泡沫破滅前後幾年創立的公司，部分的早期投資者，因為選對了投資對象，而賺了大錢。

有些人認為，ICO 被用作詐欺工具，應該禁止。甚至有人說，超過 90% 的 ICO 案子都是詐欺，許多空氣幣的破發，就是證明。 但是，我們不會因為有詐欺者利用電話、網路、電腦或銀行帳戶等工具詐欺，就因噎廢食，而不使用這些工具。那麼，為何我們不能用同樣開放的態度來面對可能顛覆許多產業的代幣經濟呢？

產業顛覆的第一步通常是透過炒作吸引大量投資，接著百花齊放。然而，有趣的是，區塊鏈顛覆的第一個產業，並非中本聰當初設計比特幣時所針對的去中心化支付系統，而是早期風險投資本身！

我們寫這本書的目的，在於鑑往知來，檢討過去幾年在區塊鏈的發展與問題，觀察可能改變的趨勢，也提出未來可能成功的模式。

2017 年 ICO 的發展也許是一個不太容易重複的奇蹟，這個創新的募資與交易模式，讓過去很難取得早期創業投資的新創團隊，能夠快速地募集到充裕

的資金，也讓過去無法參與高風險（資訊不透明、缺乏流動性）、概率低（只有少於 5% 的新創公司能夠成功上市）之高報酬早期創投的大眾，取得參與的機會。ICO 一時之間沸沸揚揚，吸引了大量想快速致富，過去又沒有投資經驗的大眾投資者（俗稱韭菜）。ICO 的快速崛起讓各國監理與立法機構都追趕不上，初期監理制度的缺乏，讓大批詐欺者乘虛而入，加上許多新創團隊缺乏創業成功的條件，被少數顧問帶著團團轉。使得少數的好團隊遭到埋沒，造成惡幣驅逐良幣的情形，除了少數已能證明經濟效益的公司，不亂吹噓的好團隊，反而難以得到非專業投資人的青睞。

我和長期關注區塊鏈的立委許毓仁、前數位經濟政委蔡玉玲律師，三人共同透過立法院區塊鏈發展連線與臺灣金融科技協會發起區塊鏈加密貨幣自律組織。而臺灣金融科技協會、蔡律師和許多國家的 ICO 輔導團隊共同發起全球 ICO 資訊透明聯盟（Global ICO Transparency Alliance Foundation, GITA）的目的，則在於推動自律，並提高 ICO 計畫透明度，以減少詐欺，好讓優秀的團隊有能夠發揮的舞台。

我們在發展區塊鏈技術的過程，研究了數百家的 ICO 團隊和他們的白皮書，這些白皮書中包含了各種不同的創新。即使有些 ICO 團隊因為缺乏落實價值的規劃或決心，會在未來的 1 至 2 年內因失敗而消失；但我們相信，研究這些計畫對於區塊鏈及數位經濟產業未來發展會有新的啟發，對未來監理法規的強化也會有所貢獻。下一波的區塊鏈顛覆，在於資產代幣化，以及透過代幣經濟設計，可以提高流動性與降低風險的數位轉型事業模式。了解產業可能變遷模式並及早因應，才能在即將爆發的區塊鏈熱潮裡成為贏家。

在這本書裡，我們整理了區塊鏈與代幣經濟的發展過程，以及 ICO 過去 2 年的快速進展與亂象。此外，我們也討論了各國監理現況與 ICO 可能演變出的新形態募資模式與新代幣經濟模式，並針對業餘與職業投資人，提出辨認詐

欺與不靠譜團隊的方法。我們整理並與你分享曾經是全球最熱門的 50 則 ICO 案例，希望你跟我們一樣，由這些案例中學到許多未來 ICO 投資募資致勝的方法。

（本文作者為臺灣金融科技股份有限公司創辦人與董事長、臺灣金融科技協會理事長，台灣區塊鏈暨加密代幣產業自律組織共同發起人，前資策會副執行長，美國 IBM 全球商務諮詢服務合夥人、傑出工程師，以及技術學院院士。）

作者序二
代幣經濟崛起　掌握趨勢先機

李漢超

　　在企業的商業活動普遍邁向數位化路程之際，自數位環境原生的區塊鏈、加密貨幣與智能合約技術，提供了跨組織機構的信任帳本、貨幣與交易機制，除了大幅簡化了資訊系統與金流系統交互整合的複雜度，也讓傳統金融機構與中間人所扮演的金流角色與業務中介角色被取而代之；此外，分散式與去中間化的點對點式（P2P）自由交易市場，更將如雨後春筍般發展；以區塊鏈、加密貨幣與智能合約為基礎，各領域均將發展出具特色的經濟圈，代幣經濟趨勢油然而生。

　　現今，區塊鏈的應用已不再是紙上談兵，或僅停留在實驗測試階段，舉凡金融、各個領域產業及公共事務等，都可使用高信任、高效率與低成本的區塊鏈、智能合約及加密貨幣來改革現行商業流程與商業模式，全世界已有數以千計的新創公司應運而生，更出現近 5,000 種關於區塊鏈的創新應用與新興事業，已完成或正透過 ICO 進行公開募資徵求。

　　本書看見國際區塊鏈 ICO 的發展趨勢與機會，特別為讀者挑選了自 2017 年以來 50 則完成大型募資的 ICO 個案，累加總募資金額高達 35 億美元。這 50 則精選個案的重要性，顯然不容小覷。本書著作群研讀 ICO 白皮書，整理 ICO 個案在代幣經濟中的發展重點，並以摘要式的詮釋報導，讓讀者可在最短時間內掌握國際業者在區塊鏈、加密貨幣、智能合約與代幣經濟方面，如何運用在不同領域商業模式上的改革與創新，相信可以激發讀者投入區塊鏈創新的

興趣與全新想法,並在區塊鏈與代幣經濟崛起的浪頭上,加速探勘(挖礦)發現屬於自己的黃金機會。

(本文作者為亞洲大學人工智慧暨區塊鏈國際產學聯盟策略長、臺灣金融科技協會區塊鏈工作組召集人,臺灣金融科技股份有限公司副總經理。曾任資策會數據科技與應用研究所、雲端系統軟體研究所副所長。)

作者序三
由全球50則ICO案例
看未來區塊鏈和代幣經濟發展

林蔚君

　　2017 年，代幣經濟與 ICO 的快速崛起，讓全球看到區塊鏈可能的價值，以及對現有產業可能產生的衝擊。短短的一年間，各式各樣的創新事業模式紛紛出爐。可惜的是太多詐欺者與缺乏能讓創新模式落實的專業能力的團隊充斥。以致在上千個募資成功的 ICO 中，真正能落實計畫承諾的團隊太少，而靠幣值管理來維持的團隊太多。

　　2018 年 6 月起，ICO 泡沫開始破裂。第一波的 ICO 就像落葉一般，一陣強風吹過，大都飄零四散。今天我們可以確定的是：2017 年那種只要寫一本白皮書、架一個網站、經營社群，就可以吸引成千上萬的投資人搶著投資，輕鬆募得數百，甚至數千萬美元的日子已經過去了。靠著經營韭菜社群與網路口碑，以吸引韭菜跟隨的區塊鏈媒體及顧問，向 ICO 團隊收取高額媒體、顧問或路演費用，成為 ICO 最大贏家的日子，也不會再回來了。

　　ICO 會消失嗎？我們認為不但不會，ICO 泡沫的破滅，更將改善區塊鏈發展環境，帶來另一波價值更高，越趨成熟的顛覆性創新發展。

　　換句話說，過去 2 年，活躍的詐欺者和前仆後繼的韭菜們都已逐漸消失。缺乏實際達成白皮書承諾項目能力的團隊，和沒有實際產業價值，只靠幣值市場管理維持的 ICO 團隊，或是收取巨額費用的幣值操盤手，以及協助炒作幣值的交易所，都將不再有生存價值。

詐欺者與韭菜的消失，係由於幣值大幅下跌，一開始募得大量資金的團隊大多還未能創造價值，繼之比特幣和以太幣大幅貶值，許多體質較差的團隊因而失敗，以致許多追夢的韭菜業餘投資人血本無歸。韭菜的消失，連帶讓詐欺者因無利可圖而退場，反而讓優秀的團隊有了出頭的機會。

泡沫破滅後，業餘投資人退場，改由專業的投資人和金融機構開始進場投資。專業投資者長期從事風險投資，通常較能評估新創團隊成功的必要條件和成功概率，也較能依據專業，協助創新者落實計畫承諾的價值。專業投資者和大多會要求取得股權或是股權與代幣的組合，這也是為什麼大多數的觀察家推測，2019 年將是股權代幣發行（STO）年。

ICO 泡沫的破滅，對具專業執行力及有價值創意的團隊有非常正面的價值，只有去掉不負責任吹噓的詐欺者，實事求是，努力落實價值的團隊才能成功。我們認為，創新團隊的自律、提高 ICO 團隊的透明度，並和設計具有流動性，又能保障有經驗投資者的權益的投資與交易機制，將會是近期 ICO 再起的必要條件。

另外一個非常正面的趨勢，則是監理的強化與國際協作。監理法規的強化，是區塊鏈在早期效益被證實後，產業中期快速發展的要件。部分新創團隊具有創新成功所需要的人才、技術、經驗與熱誠，如能得到資金並掌握市場需求，假以時日，必有能發展出高價值的服務，甚至成長為市值超過 10 億美金的獨角獸。這些專業的團隊，反而在 ICO 泡沫破裂後，較有機會成功地發行ICO2.0。

有鑑於相關法規的訂定，以及各監理機關對此新興科技產業的熟悉，均曠日廢時，而區塊鏈和代幣經濟顛覆式創新的重要性卻不容小覷，是故各國監理機構都暫時地、非常理智地容忍了一些 ICO 的亂象。監理真空的過渡期，雖導致詐欺猖獗，卻也產生了許多對於制定未來法規與監理有價值的案例。包括美國、法國、韓國及台灣等，其立法及監理機關，都宣稱 2019 年中將會進行ICO 專法的制訂；除此之外，英國和新加坡也積極地訂定多國跨國監理協作協

定。在監理的框架下，新型態 ICO 的創新模式可能就不會是只有 STO，而可能有更多的發展空間。本書對一些可能的新 ICO 模式，做了一些分析。我們也在書中針對目前各國的監理法規現況，做了一個簡單的整理。由於大多數 ICO 團隊都會跨國發行，對各國監理法規的了解也是成功的關鍵要素之一。

我們在書中也討論了由臺灣金融科技股份有限公司（Fusion$360）所設計開發的 FirstMile， 一個支援合規的股權與可轉換債代幣的分散式私募平台；LastMile，一個協助優秀 ICO 團隊克服 ICO 軟目標（softcap）挑戰的分散式眾籌平台；以及 EagleEyes，一個以爬蟲、文字探勘、大數據、AI 等技術為基礎的 ICO 團隊、投資者及顧問的評估工具。 我們也提供了一些小錦囊，教大家如何查證 ICO 實質交易、建立自己的 MetaMask 以太幣錢包，以及保護 MetaMask 以太坊錢包的方法等。

機會，是留給準備好的人。 代幣經濟 2.0 蓄勢待發，你準備好了嗎？

（本文作者為亞洲大學副校長與 INFORMS 院士。曾任資策會數據科技與應用所及前瞻科技研究所所長，美國 IBM 研究中心供應鏈資深經理、全球商務諮服務總經理 、傑出工程師、技術學院院士，以及哥倫比亞大學教授。）

推薦序一
建立ICO公開透明機制　讓產業展翅

蔡玉玲

　　成長中的產業需要環境的沃土，當區塊鏈與虛擬通貨產業飛快成長，政府能給的沃土當是明確的法令規範、低度的監管態度，才能讓新創業者展翅，和世界公平競爭。

　　IPO 跟 ICO 一樣，都是一種群眾募資工具，只不過 IPO 源自互聯網尚未出現的時代，只能在特定國家向公眾募資；而 ICO 源生於互聯網時代，企業可直接面對全球投資人。ICO 屬於全球性的募資新工具，若採用與 IPO 相同的監管方法，由各國各自制定規範、嚴格監管，是否合適，值得深思！任何國家採取嚴格管控，都有可能將資金從本國逼向其他地區。

　　台灣要立一個法花費時間非常長，又因是成文法系國家，一旦立法，要改變也很難。政府什麼時候進場管？管什麼？監管強度多大？在在都是政府跟產業應共同探討的課題。目前，大部份國家的政府均面對企業要求「低度管理」的挑戰。政府低度管理，配合行業自律，是一個發展的新趨勢。

　　法規推動上需要有產業及有志之士挺身而出。在擔任政委期間，本人有幸和立委許毓仁及臺灣金融科技協會理事長王可言等人合作，為使產業朝正向健康的方向發展，於去年推動成立台灣區塊鏈產業暨加密通貨自律聯盟。本人同時於 2018 年與其他 8 個國家的代表，共同發起跨國非營利組織 GITA（Global ICO Transparency Alliance，目前註冊在新加坡），藉由資訊揭露平台建置加強 ICO 的公開透明。

　　GITA 是一個國際性、非營利、非官方的組織，其成立宗旨為區塊鏈募資活動建立資訊揭露機制，讓募資者和投資者資訊對等，幫助區塊鏈產業以分散式帳本技術為基礎，建立產業自主揭露的標準，成為知識共享和產業發展中心。業者自主參與和揭露的內容都是自律規範，包括內容真實性、透明度標示、KYC 等。這樣的做法，投資者能更了解自己所投資的項目，並使新創公司在進行 ICO 群募活動時更透明。這種「公眾監督」，驅使區塊鏈產業往更健康、正面的方向發展。由於代幣具有跨國界性質，除與韓國、香港、泰國、新加坡及日本建立實質關係，GITA 也將持續拓展版圖，增加國際上的公信力。

　　區塊鏈乃全球性的發展趨勢，台灣不可能獨善其身，希冀藉由本書的推出，得以使讀者了解區塊鏈與代幣經濟產業發展趨勢，透過 ICO 成功募資範例，了解區塊鏈應用價值，同時一窺各國政府如何跟產業合作，共同推動新時代的全球募資工具。期盼政府與產業密切合作，共同創造更友善的環境，讓台灣成為區塊鏈及 ICO ／ STO 的國際新舞台。

（本文作者為前行政院政務委員，理慈國際科技法律事務所共同創辦人，臺灣金融科技協會常務監事。同時為全球 ICO 資訊透明聯盟暨台灣區塊鏈加密貨幣自律組織共同創辦人，致力推動金融科技領域相關法規。）

推薦序二
ICO──數字經濟時代的貨幣革命

劉憶如

　　歷經 2008 年的全球金融海嘯，史無前例的量化寬鬆（QE）造成世界各國貨幣的浮濫發行。「央行獨立性」自此受到極大的質疑；對各國央行所發行的貨幣之信心，也因此在當時大量流失。是在這樣的一個時代背景下，中本聰所發明的比特幣，以及衍生至今日超過 2,000 種的數字貨幣（或稱代幣），才得以橫空出世。

　　基本上，數字貨幣並不訴求取代法定貨幣；而是提供另一種選擇，讓人有機會擺脫集中式的信任專制，離開現行由央行、銀行、會計，法律體系所主導的貨幣體系，進入一個中本聰所說：「以密碼學認證，而非以信任為基礎」所構建的支付系統的新秩序。這樣一個自由境界的理想，最早源於經濟學諾貝爾獎得主海耶克的思想及著作《貨幣非國家化》；四十年來令人嚮往。但拜今日科技的發達，得以有區塊鍊的技術做為底層運算基礎，數字貨幣才終於有機會問世，甚至崛起。

　　走到今日的數字經濟時代，具數字性質的「代幣」基本上分為兩大類：具貨幣性質，或不具貨幣性質的代幣。而不論是否具貨幣交易性質，2017 年時 ICO 成為極度熱門，甚至瘋狂的籌資方式。許多 ICO 不僅募到鉅額資金，更往往在幾分鐘、甚至幾十秒鐘內，就達成募款目標（也就是秒殺）。但隨著數字貨幣價格在 2018 年大幅滑落，這股 ICO 熱潮也急遽消退。

　　儘管如此，ICO 事實上仍有其最根本的價值。許多被排除在現行正統籌資體系之外的個人及企業，透過 ICO，得以有機會籌得資金；另外更有許多在現行金融體系下，無法參與新創公司獲利分紅的小額投資人，也得以透過 ICO 得到機會。

　　只是，2017 年的瘋狂，造成 ICO 的浮濫；比特幣等數字貨幣價格的飆漲，更吸引了太多的投機行為。另外，做為數字貨幣底層運算基礎的區塊鍊技術，仍有許多不足之處；做為代幣交易中心的各交易所，層出不窮地爆發駭客等資安問題；更麻煩的，還有不易杜絕的「劣幣驅逐良幣」現象不斷發生。即使 ICO 白皮書寫得天花亂墜，一般社會大眾卻往往無法判斷其真偽。

　　因為有這麼多難題，因此即使立意良好，ICO 在 2017 年盛極一時，最終還是在 2018 年沉寂了下來。許多本質上非常好的代幣發行公司，也同樣被打入冷宮；這當然是極為可惜的一件事。在此之際，欣見王可言、李漢超、林蔚君三位作者，共同撰寫本書付梓。從這本書所詳細列舉描述的 ICO 案例，讀者可學習到如何分辨虛實，避免被詐欺；同時也經由閱讀此書，可學習如何利用 ICO，籌措資金；讓自己的創意與夢想，有落實的機會。

（本文作者為香港北威國際集團董事總經理、台灣大學財務金融系兼任教授、美國亞洲協會國際事務委員會委員。）

推薦序三
監管與發展並重　台灣才能找到出路

許毓仁

　　很多人一聽到 ICO，可能第一時間直接聯想到的是詐騙，而不是其所帶來之顛覆創新創業與風險投資的機會。這當然跟近年來許多詐欺者利用 ICO 用來炒作、斂財有關。但是，面對詐欺，我們需要的是運用法規來規範防止，而不是完全「禁止」ICO 這種顛覆式的創新工具。對於 ICO，監理機構和政府部門、天使投資人和創投、金融業和其他產業、創新者和投資大眾，都需要對代幣經濟和 ICO 這個顛覆式創新的投資模式有更深的了解。透過對代幣經濟與 ICO 的認識，我們可以據以修改法規，為 ICO 訂出一個防詐並保護投資大眾的行為規範，也可以透過產業自律的方式，發展更為健全的產業生態系。

　　我相當樂見本書的推出，除可讓產業可以了解 ICO 代幣經濟新事業、新生態及新運作模式，也揭露各產業在區塊鏈與加密貨幣的落地應用與破壞式創新革命的發展可能性，讓政府和公眾可以更深入地認識區塊鏈。但並非每個區塊鏈計畫都必須進行 ICO。當團隊發起代幣發行時，我所希望看到的，是區塊鏈應用的實際案例，可以真正落地發展，而不是幣值的炒作。

　　區塊鏈技術被譽為未來十年的經濟革命，數位貨幣（或稱虛擬通貨）算是一項先試先行的產品，未來等到區塊鏈技術成熟，方可以在各項產業應用。台灣沒有本錢跟美國、中國等大國在資本或市場競爭，新創才是台灣價值所在，而首次代幣發行就是一套對於新創募資與發展有利的途徑。

　　然而，ICO 未必都是新創團隊實現夢想的過程，它同時也是社會創新的一環，也就是我們常常說的「Social Impact」。是否可以透過區塊鏈技術弭平財富落差、解決強弱勢問題？這是相當值得我們思考的重點，也希望能在未來看到更多的區塊鏈技術，被應用在解決社會問題的面向上。此外，區塊鏈在「身份認證」的技術上，也是極具潛力的一個部分，可以幫助無銀行帳戶的貧窮人士或國際難民建立數位身份，以獲得必要的金融協助。而這些，都可算是 ICO 的價值所在。

　　科技本身是以等比級數速度發展的，政府也應考慮如何創造一個合宜的實驗場域，允許大眾使用區塊鏈與代幣經濟，讓創新成為生活的一部分。ICO 就像是一個眾籌的挖礦計畫，有興趣投資的人都可以參與，讓投資大眾可以參與挖掘創新，並同時為數位經濟產業轉型的生態系統發展各項應用的風險投資做出貢獻與得到較高報酬。接下來，我們需要考慮區塊鏈怎麼運用在國家的發展上，讓區塊鏈技術與數位創新成為國家發展的戰略方針。

　　競爭才是進步的良方，期待台灣能夠把威脅變機會，未來才能站穩腳步、找到出路，政府與產業應該要調整心態，正視 ICO、虛擬通貨的監管與區塊鏈技術的推展，唯有管制與開發並重，台灣才能找到出路並推動以消費者優先的普惠金融。

　　為了讓區塊鏈技術在台灣真正落地，成為產業應用催化劑並走向國際，我與王可言理事長、蔡玉玲前政委及臺灣金融科技協會共同發起「區塊鏈暨加密貨幣自律組織」（Self Regulatory Organization，SRO）以引導加密貨幣正向發展。我與王可言熟識多年，彼此在金融科技、區塊鏈的推動上多有合作，對他的專業及為台灣貢獻的熱枕也很敬佩。此書三位作者更是在金融科技、區塊鏈、大數據分析專業與發展推動有功的佼佼者，在書中對區塊鏈與 ICO 趨勢的觀察，以及 50 則大型 ICO 募資案例的分析，解析各國監理法規，並教育投

資大眾如何辨識詐欺與理智的參與投資，或是區塊鏈在不同產業的創新應用的介紹等，均十分專業。產業可以深入了解區塊鏈技術的發展及對未來應用及發展投資，布局下一波產業競爭力；投資人也可以更了解區塊鏈與代幣經濟，降低入門門檻，提升風險掌控與數位競爭力。

　　我推薦立法、監理機構、政府部門，天使投資人、創投、金融業、傳統與高科技產業、創新者和投資大眾，研讀這本書，鑑往知來，對可能影響台灣未來的區塊鏈與代幣經濟做深入的研究，共同為台灣未來金融科技與數位經濟的發展，規劃出一個藍圖和具體發展措施，同時，也為台灣運用區塊鏈與代幣經濟推動金融科技與數位經濟，往前飛奔邁出第一步。

（本文作者為現任立法委員，TEDxTaipei 創辦人暨 TEDx 亞洲大使。長期關注新創產業、金融科技與人工智慧議題，並致力推動相關法規發展。）

推薦序四
面對金融新創　我們有全新思維

余宛如

　　我曾接獲一則陳情的訊息，一個新創團隊術開發了點對點（P2P）線上匯兌的金融服務，卻擔心在上線後，受到金管會的裁罰，希望我能協助他們了解法律的灰色地帶。類似的新創公司，若在矽谷早已成為當紅炸子雞，但在台灣，任何金融科技新創公司，從創業的第一天，就要擔心觸法的風險，有論者認為台灣對新創發展仍然不夠開放，但抑制創新的背後原因，其實是跟不上數位轉換的政府與治理架構。

　　面對數位經濟時代來臨，金融科技崛起、加密貨幣橫空出世，而比特幣所帶動的區塊鏈應用發展已不容小覷，當越來越多族群擁抱此一新興技術，我也一直在鼓勵政府無論在態度、法規、社會氛圍上友善新創，才能營造出創新發展的環境，讓人才聚集。無論在金融科技發展與創新實驗條例的立法、加密貨幣與區塊鏈、還是開放銀行與電子支付推動等議題上，過去我都每戰必與。

　　而 ICO 已被視為引領區塊鏈及加密貨幣落地應用的募資工具，已真實存在於許多國家，美國政府目前對於 ICO 並沒有明確立法，但是將 ICO 視為一種股權。因此若 ICO 可以符合美國「新創企業啟動法案」（Jumpstart Our Business Startups Act, JOBS Act）的架構，其實可以是一種合法的籌資工具，有利新創籌資與發展。台灣雖然開放股權群募，但因為種種限制不如美國活躍，ICO 更是遲遲無法可管、遊走在法規灰色地帶。

　　為了解決法規不明確的問題，我號召加業者自律，在經過多次召開記者會、協調會與質詢之後，終於揮別機關間互踢皮球的困局，金管會顧立雄主委允諾擔任 ICO 的主管機關，可望在 2019 年 6 月左右提出證券型 ICO 的管理辦法，讓法規更明確，讓競爭更公平、讓投資者保護更合理，也讓台灣有機會，走在世界先端。

　　本書在此時出版，真是最好的時機。它不是鼓勵你參與 ICO 或加入區塊鏈，而是要你學會分辨 ICO 的好壞，客觀地判斷 ICO 的真偽與價值。任何想進入區塊鏈、金融科技、代幣經濟的世界的朋友，無論哪個領域，相信這本書都是一本極具參考價值的工具書、也是趨勢書，邀請你一起迎接數位的變革與思考模式，希望你也能與我一起成為數位新治理的倡議者。

（本文作者為現任立法委員，立法院財政委員會委員，社會企業生態綠股份有限公司創辦人。長期關注科技創新、數位發展、金融科技及新創事業等議題，並致力推動相關法規發展。）

推薦序五
透過區塊鏈技術　實現資產交換

李國權

　　第一次接觸比特幣，是因為小兒子。兒子告訴我，他可以通過玩電子遊戲賺取比特幣。這個新奇的概念勾起我的好奇心。當年，中本聰為了改變不平等的金融體系，打造去中心化的區塊鏈系統，把每個人變成了自己的銀行家。他當年所倡議的價值，如今成為實現普惠金融最後一哩。

　　究竟區塊鏈和智能合約，可解決哪些社會問題？簡單來說，它讓每個人都只須付出很低的成本，就能擁有自己的資產。窮人會窮，不是因為沒有工作，而是沒有資產，而區塊鏈可以解決這個問題。通過互聯網和區塊鏈，以前不可以交換的東西，現在可以交換了；以前沒有辦法付費的工作，現在都可以付費了；以前沒有辦法進行的交易，現在可以交易了；以前沒有價值的，現在有價值了。

　　舉一個例子，牛幣。一個農夫跟高利貸借款買牛，要多付出 30%，但把一隻牛代幣化之後，由幾個人共同認購，農夫買了牛，生了小牛，產了牛奶，或者賣了牛肉都可以還給這些投資人。農夫可以欺騙我們，但區塊鏈的認證機制，將使他的欺騙行為無所遁形。因此通過互聯網和區塊鏈，全世界都可以進行 P2P 交易和價值交換。

　　區塊鏈可以說是一個生逢其時的技術，它去掉沒有效率的仲介，解決了人們在意的隱私和安全問題。例如，Grab 收購 Uber，以及 Facebook 洩露隱私的事件，都引發用戶的擔憂。大眾擔心市場被壟斷，導致車費上漲；擔心

Facebook 因兜售自己的信息而獲利，我們卻未能取得分文。在透過去中心化的系統，乘客能直接和司機溝通，而使用者也能完全控制自己的資訊。

隨著區塊鏈創新發展，ICO 的創新的募資與交易模式應運而生，這也讓過去很難取得早期創業投資的新創團隊能夠快速募集到充裕的資金，吸引大量想致富的投資人進場。若從社會效率的角度看，ICO 是不可或缺的，創新對產業發展絕對有所益處。只是，當前所面臨最大的挑戰就是如何降低投機團隊的比例、回歸健康的產業創新發展，而明確的法律管理無疑是一帖良方。

加密貨幣是極其複雜的投資工具，一般大眾很難了解其背後的技術原理。欣見臺灣金融科技公司董事長王可言，透過長年在亞洲金融科技領域推動與觀察的經驗出版本書。這本書的目的不僅在於教導投資人如何判斷 ICO 及觀察市場趨勢，更可讓新創業者鑑往知來，正確看待區塊鏈問題，以進一步發展更高價值及更成熟的顛覆性創新模式。更重要的是，讓政府也能重新正視區塊鏈及數位經濟產業發展，加強透過監理法規來改善區塊鏈發展環境。

本書不僅是投資工具書，也是時代趨勢書，更是一本你我都不容錯過的「好書」。

（本文作者為新加坡新躍社科大學商學院教授，倫敦政治經濟學院博士。曾任全球多家大型企業 CEO 及董事，致力研究區塊鏈之技術及應用。）

推薦序六

輕鬆進入ICO世界　一窺ICO2.0新趨勢

羅際夫

　　坦白說，我不知哪來的勇氣，「敢」答應台灣金融科技公司董事長王可言邀請，為他與另兩位作者林蔚君、李漢超合著的大作撰寫這篇推薦序。心想：在這個產業中的先進與佼佼者比比皆是，哪輪得到我這門外漢來執筆？然而，思索數秒後，我就「不自量力」地接下這個任務，因為，是王董事長讓我開始認識金融科技，同時，他也是我的貴人，最重要的是我認為，本書在此時出版，對於不少盲目投資相關標的者，絕對有著振聾發聵的作用。

　　與王董事長認識，是緣分。兩年多前，台灣開始出現較多討論金融科技的聲音，身為財經節目主持人，當然想要好好了解這個議題。但是區塊鏈、金融科技的技術及各種專業名詞，對我這個非理科背景的人來說，簡直是天方夜譚，實在不知道從何了解起。或許一切皆是天意，某日正好看到以前的報社同事，也是知名華語歌曲填詞人王中言，在臉書轉貼了一則有關於金融科技的訪問，受訪者正是她的兄長王董事長。我二話不說，立馬私訊中言，表達希望邀請王董事長上節目的想法，經過中言轉介，王董事長爽快答應。

　　訪問王董事長時，很怕議題太艱澀，不知從何問起，也怕聽眾無法進入狀況。然而，王董事長一開口，我的疑慮全解除了。因為他的論述邏輯清晰，把金融科技發展的背景、應用、所碰到的問題，以深入淺出的方式講得清清楚楚；當時，他甚至簡單明瞭地點出台灣發展金融科技過程中的契機，與可能遇到的困境，這些都在事後成真，證明了他的遠見。

　　因為王董事長講得太好，不久後我又邀請他上了在台北電台主持的另一個節目，談相關產業的人才培育。當天就有聽眾在聽了他的訪問後，馬上 call in 進節目說，很贊同他的說法，也希望自己的小孩能有機會學習金融科技相關知識，所以樂見學校開始重視金融科技人才的培育。

　　這樣明晰的敘事方式同樣運用在本書中，更讓它多了一些親近性。利用 50 則全球大型 ICO 募資的案例，為大家介紹這種募集新創公司資金的運作模式，讓讀者在閱讀個案的同時，也能輕鬆進入區塊鏈的世界。坊間不少同類型書籍堆砌過多技術與學術名詞，相形之下，此書顯得易讀易消化。

　　經過王董事長啟發之後，我也開始時時注意區塊鏈、虛擬貨幣、金融科技、ICO 的相關資訊，因為個人的專長偏重在投資理財，所以對於像是虛擬貨幣投資的相關議題就會特別關注。然而，近兩年來關於虛擬貨幣價格的崩跌，甚至是代幣與 ICO 的詐騙事件頻傳，讓很多人，包括我在內，也開始懷疑是否又是另一個泡沫？心中也在想，此時出版本書，時機對嗎？然而，這疑問，在書中得到了解答。

　　書中指出，現今的情況就像 2000 年網路泡沫發生前，市場出現了許多投機者，藉網路技術的趨勢炒作，最後引爆了一次金融危機。然而，經過那次的淘汰，近二十年來，網路科技徹底改變了你我的生活。錯不在技術，而在不當使用的人，代幣不能只是投資的商品，最終仍要與產業結合，才能出現真正的破壞式創新，改變明日世界。

　　因此，作者們認為，經過這兩年的清盤，讓詐欺者與「韭菜」們消失，反而是代幣經濟走向正軌的最佳時機，似乎也應驗了「最壞的時代，也是最好的時代」這句話。為了避免讀者落入 ICO 詐騙陷阱，本書中更列出了看穿 ICO 詐騙的 7 個招數，相當接地氣，也很實用，就像是一盞明燈，指引大家遠離騙局。

　　這兩年來，我也很關注王董事長的動向，雖然台灣在區塊鏈的發展上還有不少需要解決的問題，法律的不完備、環境的不成熟、人才的缺乏，但我看到他不斷奔波海內外，參與各項關於區塊鏈相關的會議及大大小小的交流活動，貢獻己力在不同場合為台灣的產業發聲，協調整合產業的運作，這份滿滿的熱誠，你同樣可以在本書中感受到。

　　就是如此的親力親為，所以，讀者可以在本書中，看到作者第一手的觀察。書中不僅點出了 2018 年 ICO 的五項轉變，同時也預言了 2019 年 ICO2.0 將會發生的趨勢，我覺得這是本書另一珍貴的內容。讀者可以從本書中看到代幣經濟的過去、現在與未來完整呈現，真心建議，有開設相關課程的學校都應該把它列參考書籍必讀名單之中！

　　對了，寫到這裡，不知你會不會好奇，為何說王董事長是我的貴人呢？2018 年，財團法人新世代金融基金會舉辦「新世代金融傳播獎」競賽，正聲廣播電台決定參賽時，我就建議將王董事列為必訪人選。過程中，王董事長確實提供了不少寶貴的建議與看法，後來正聲果然以「金融科技元年，台灣金融科技起飛」專題榮獲影音類的獎項，也是唯一獲獎的廣播媒體。而這也是我在媒體業二十多年來首次獲得的新聞獎項，從認識，到得獎，再到這次寫序，深深覺得我與王董的緣份有種冥冥中的「妙不可言」！

（本文作者為正聲廣播公司「財經早知道」節目主持人、知名財經記者暨專欄作家，著有多本暢銷投資理財書籍。）

推薦序七

ICO泡滅後　必將迎來全新紀元

劉世偉

　　沒有任何一項投資，可以在一年內翻漲百倍，2017 年加密貨幣的浪潮，卻打破了這個規則。過去 2 年，數千個 ICO 項目發出幣來，到底有什麼在支撐這些幣的價值和價格？可能只是白皮書或網站做得漂亮一點，就有投資人瘋狂購買 ICO 幣，但是這個項目是否真的履行白皮書的規劃，卻沒人監督控管。大部分情況是，ICO 發了幣，產品卻從未真正完成，導致投資人的信心崩盤、開始拋售，導致幣價一路狂跌，接著成為泡沫。

　　我認為，儘管這些泡沫可能具有破壞性，卻也同時存在著具有建設性的影響。如同 20 年前網際網路（dot-com）的泡沫，儘管絕大部分的 .com 公司都已消失、把投資者的錢燒光，卻也留下了 Google、Amazon 這類的網路巨擘。而現在，上千種的 ICO 項目代幣，就像當初絕大部分的 .com 公司，終將歸零，卻一定仍有少數幾個項目或者代幣能存活到最後，成為足以翻轉、改變世界的翹楚。

　　ICO 這個狂潮，假如只看市場價格，就像是一陣泡沫。但是它所創造的金融體系，是有建設性的。也因為 ICO 的流動性和活力，在過去 2 年中，幫助不少小公司募了上百億美元的資金。台灣在過去幾年，也曾興起群眾募資風潮，新創公司藉此募了一筆資金。本書鉅細靡遺地闡述了 ICO 的歷史，並解析全球 50 則大型募資案例，有助於讀者深入了解 ICO 的奧秘。

　　在區塊鏈的代幣經濟中，如果也有穩定的金流支撐，並不會輸給傳統的金融貨幣。綜觀全球，這個新的經濟模式，目前沒有哪個地方是完全合法的，但

有很多國家的做法可以參考，例如中國大陸對加密貨幣是採取完全禁止的態度，而美國證券交易委員會則會判斷哪些代幣是證券型，哪些非證券型。這不代表台灣必須跟隨他國的作法，而是應該自己走出一條路。清楚地理解事件始末，以及後續的效應將產生什麼樣的機會，才是關鍵所在。

經過了幾年的嘗試，我們明白了 ICO 的好處與風險。而 2019 年證券型代幣（STO） 絕對將成為連接加密貨幣跟實體經濟的下一個風口。STO 的緣起，部分也在於解決前述監管不成熟的問題。STO 除是融資管道外，也是台灣募資工具及募資市場轉型的一個關鍵，透過 STO 可促進資本市場流通，讓年輕世代、中小型企業有一個全新的資金流通場域，更可以將 STO 視為上櫃、上市的前哨站，所以我們不能忽視 STO 在未來 5 年內的機會。

本書的付梓，將提供市場、政府、年輕新創者一個全新的啟示。並不是所有的 ICO 都是缺乏實質能力，只靠幣值市場管理維持的團隊。事實上，全球不乏擁有良好的創新商模、人才、技術及經驗的 ICO 新創團隊，如能獲得資金，並充分掌握市場需求，假以時日，當市場成熟、法規健全之時，必有一些的團隊能夠發展出高價值服務。

身為全球第一家法幣信託交易所，MAX 數位資產交易所期許自己能夠成為協助台灣新創公司發行、上架證 型代幣的交易所。證 型代幣的價格是由公司股權支撐，且經政府監管，投資人也能透過營運績效去評估證 型代幣的價值與價格。我認為這將成為代幣經濟重要的里程碑。倘若台灣能通過這個項目，不僅會成為全球先驅，更有機會讓台灣成為區塊鏈最具指標性的國家。

非常敬佩此書的三位作者，奉獻時光、專業整理，並分析全球 50 個 ICO 案例，以及各國的監理法規現況。期待本書能讓新創團隊鑑往知來，熟知對各國監理法規，加速成功的機會。

（本文作者為 MaiCoin 暨 MAX 數位資產交易所創辦人。）

推薦序八
以比特幣、區塊鏈　來看全球金融的技術基礎

鄭光泰

　　很多人都會問我：當初為何接觸到比特幣？看見了什麼樣的趨勢？其實我是在因緣際會之下，接觸中本聰的論文〈Bitcoin: A Peer-to-Peer Electronic Cash System〉，拜讀後為之驚艷，便與共同創辦人 Jimmy 把身家投入到新事業體——幣託（BitoEX）當中。和其他創業家不同的是，我們頭一年討論的不是如何獲利，而是如何打造比特幣和區塊鏈的基礎建設，因為我們都認為『它』是未來全球金融的技術基礎。我記得當時是 2014 年 3 月某日的凌晨四點。

　　簡單來說，比特幣這樣的數位資產開創了無國界的應用性，造就了目前很多破壞式創新服務，其中最具代表的就是 STO、穩定幣和有價性的實體資產。這些因為比特幣和區塊鏈而生的產業，本著共識機制及可溯源為基礎，而產生各式資料交換服務。

　　大家都在預測 2019 年會發生什麼事？我認為，這個產業變化太快，面對不同的趨勢，我樂觀其成。依照接觸的比例，部分產業可能會產生重構，尤其是金融應用和類型的募資。但以募資來說，投資者在接觸 ICO 或 STO 時，對這產業了解多少呢？

　　過去 2 年人們對於 ICO 的熱度，已隨著各國法令『正視』後銳減，但 ICO 的優勢：迅速、跨國界等魅力，仍是無法敵擋的。很多人在投資 ICO 前一知半解，僅因路演講得天花亂墜，就義無反顧的投資。殊不知，此中有 90% 可能都是詐騙或吸金。BitoPro 的合作邀約從未停息，但我們對於 ICO 項目方

的背景及技術，很難提供證明予投資者，所以在 IAP 第三方機構出現之前，在合作上往往不了了之。

很高興能看到本書的出現，研究一下書目內容，有許多都是我們對於項目內稽內控的流程。這不僅是一本工具書，更是想接觸或發行 ICO 的必備 Know-How，相信讀完本書之後，對於幣圈、ICO、STO 的「內幕」，均會更加了解。

區塊鏈是一個高度消耗戰，「幣圈一天，人間一年」這句行話現在也可套用到鏈圈上。我平均每天有 4 到 6 場會議，每場議題均與區塊鏈相關。雖然區塊鏈創新一直都在發生，但在與商業現實整合上，尚有一段距離。沒有整合就沒有價值，建議在心態上需具備冷靜觀察及高度的企圖心，找到不錯的議題，下一步，就是來找我們要資源。

（本文作者為幣託創辦人暨執行長。）

代幣經濟崛起

洞見趨勢，看準未來
精選全球 50 則大型區塊鏈募資案例

The Rise of Token Economy

Lessons Learned From 50 Hot ICO Cases

ICO的興起、危機與未來發展

ICO 的源起

　　初次代幣發行〔或初次貨幣發行（initial currency offering, ICO）〕是近年興起的一種透過公開發行加密代幣／貨幣來籌募新創公司資金的眾籌模式。第一個 ICO 是由 MasterCoin 在 2013 年 7 月 31 日所發起。該計畫希望發展出一個將比特幣區塊鏈作為單純分散式帳本（disfributed ledger），於其鏈上再加上一層可支援各種次世代比特幣貨幣交換的交易層。短短一個月內，MasterCoin 就募得 5,120 個以太幣，大約值 50 萬美元，這樣的成績遠超過大家的預期 [1]。Mastercoin 於 ICO 取得資金的成功，也促使其他區塊鏈開發者紛紛開始發行 ICO 籌資。

　　另外一個重要的里程碑是以太坊。以太坊在 2014 年 7 月 23 日發行以太幣，12 小時內就籌得 3,700 個比特幣，當時大約值 230 萬美元。其後兩週內募得的比特幣數量更達 25,000 個，約值 1,730 萬美元。2014 年 9 月 2 日結束 ICO 時，共募到 31,529 個比特幣，約值 1,920 萬美元。 2018 年 1 月 4 日，以太幣首次以每個超過 1,000 美元的價值，成為世上第三個總市值超過 1,000 億美元的加密代幣（其他兩個分別是比特幣和瑞坡幣）。3 年後，2018 年 9 月 2 日，每個以太幣僅值約 292.73 美元，市值約 300.5 億美元，比起 2018 年 1 月

---

1 Buterin Vitalik (2013, 11). Mastercoin: A Second-Generation Protocol on the Bitcoin Blockchain. *BitCoin Magazine*. Retrieved from https://bitcoinmagazine.com/articles/mastercoin-a-second-generation-protocol-on-the-bitcoin-blockchain-1383603310/.

14 日的幣值最高點 1,377.72 美元，跌幅超過 80%。但是比起以太幣於 2015 年 9 月 2 日初發行成功時的平均價值 0.32 美元，3 年漲幅超過 914 倍！然而，截至 2018 年 12 月 21 日，以太幣的價值僅剩 112 美元，與 9 月的數據相比，3 個月內下降 60%。

ICO 和 IPO 的異同

　　ICO 容易使人與公司首次公開上市發行股票（initial public offerings, IPO）產生聯想，但其實 ICO 和 IPO 是非常不一樣的。IPO 的制度，是針對中大型、已連續幾年獲利，需要較大量資金的公司所設計。由新創公司到上市，是一條漫長的道路，通常創投（venture capital, VC，或稱風險投資）投資新創公司的獲利退出，要經過 8 至 10 年以及多次的增融資，才能上市 IPO。新創公司一般透過階段性風險投資，使公司逐步擴大，募資金額也逐漸提高。由早期數千到數萬美元的種子投資（臉書的第一筆種子融資是 1,000 美元）到數十萬美元的天使投資，再到由百萬到億美元級不等之 A、B、C、D 輪（Serial A, B, C, D）的階段風險募資，公司業務逐步擴大的同時，也透過資本市場逐步擴大募資額度，等到具有相當規模才能申請上櫃上市。

　　ICO 公司則是提出一個好點子，並透過 ICO 向潛在顧客或投資人募資，以購買代幣來鼓勵創新、預購產品服務以降低未來購買成本，或是投資計畫預期獲利。

　　ICO 和 IPO 最大的差別在於，IPO 公司須能證明自身已可持續獲利，且已達上市規模才能發行，其發行過程繁雜、成本高。反觀 ICO 團隊，大部分在發行 ICO 時，不但還未獲利，絕大多數都還只有一本精心設計的白皮書和網站，甚至有些團隊連公司都還未成立。對大多數公司而言，ICO 的成功只能算是挑戰的開始。

▲ 圖表一：ICO 和 IPO 發行流程的比較

創投與 IPO 制度面臨轉型挑戰

　　經過近百年的演變，各國 IPO 的發行條件都變得相當嚴格，除了公司要有連續幾年獲利經歷、市值超過某些門檻、財報要由會計師認證並公開外，還須滿足許多資訊公開和監理條件，並對投資人負起防制洗錢、資助恐怖行動、詐欺的查證責任。除了 IPO 時得花上數百萬美元的律師、會計師、交易所、銀行等等中間人高額顧問、手續費、上架費、初期市場管理費外，每年還要花至少 100 至 300 萬美元的維護費，成本非常高。

　　然而，IPO 制度雖十分嚴謹，且行之有年，創投產業卻仍持續檢討創投制度的轉型需求。舉例來說，從 2000 年到 2010 年的 10 年間，是網際網路的黃金期，許多網路及電商公司由小而大，直到顛覆並超越傳統國際大廠成為全球股王，可是創投產業整體的利潤卻幾乎是零。新科技也對創投產業造成衝擊，主要有兩大因素。一是開源軟體的盛行。開源和免費服務的風行，讓過去產品驅動時代以功能和專利主導的競爭模式，快速地轉換成創新驅動時代以事業模式創新、服務體驗優化、全球整合、快速調整，以及靠免費服務取得有價值資

料的新競爭模式。尤其是近年的雲端、大數據、人工智慧等技術主流廠商,幾乎都擁抱開源軟體模式,讓共創共用的生態圈益發重要。

二是雲端服務的盛行,讓創業的成本不斷地下降,過去行之有年的創投制度也跟著面臨顛覆。ICO 快打、快賣、快失敗、快轉變的模式,可能將塑造新的創投與證券交易模式。

ICO 的優勢

ICO 有許多顛覆性的優勢。第一,對追求高報酬但高風險投資的創投來說,ICO 投資模式讓投資者在短期內即可獲利退出,較之過去可能須耗費長達 8 至 10 年,擁有極大吸引力。這可能徹底改變早期創投模式〔如種子輪（Seed Round）、天使輪（Angel Round）、A 輪等階段募資〕。對於 B 輪和更晚期的投資者來說,這是一種更具活力和流動性的模式,可大幅壓縮回收期。

第二,對投資大眾而言,等到公司股票上市,爆發性成長時期早已過去。想參與早期高報酬的風險投資,卻被原意在保護非專業投資人的經認證投資者（accredited investor,指經驗及經濟能力超過一些高門檻條件的投資者）限制而無法參與。ICO 讓一般大眾也有機會參與過去被排除在外之早期高風險高報酬的風險投資。

第三,對創新者而言,利用區塊鏈募資,可節省許多傳統募資的步驟。向小型投資者（retail investors）發行的代幣往往不須放棄任何所有權或經營權,代幣的價格也能夠反映其相關產品服務於基本價值以上的流動性和技術溢價。同時,透過發行代幣及代幣經濟激勵,可以鼓勵價值鏈夥伴貢獻,並吸引全球潛在用戶參與服務或產品的價值創造或提供需求,達到需求驅動製造（demand-driven manufacturing）的工業 4.0 願景。投資者和潛在用戶共同為項目的成功做出貢獻並得到獎勵,更能產生網絡效應!

第四,對潛在用戶而言,可以以代幣的形式用較低廉的價格取得未來服務權,代幣本身也可能會增值,還可以在適當時機轉賣獲利,可以當作活化資金

投資的一個選項。

　　第五，對投資產業來說，ICO 有可能解決 IPO 資本市場高門檻、高維護成本的挑戰，未來可能會顛覆整個風險投資和證券市場。

ICO 的崛起勢不可擋

　　2017 年是 ICO 的黃金時期，高達上千個公司同時發行 ICO。只要寫一本白皮書或論文、開發一個網站、經營社群、公開發幣，就可以輕鬆募得幾百萬美元。由於投資 ICO 可以快速出場，且只要 ICO 發行的代幣幣值能維持到早期投資者半年到一年的閉鎖期（在此期間不得轉賣）結束，即可獲利。相較於創投（風險投資人）面臨的高風險、低成功率、退出時間長（8 至 10 年），快速市場變化等挑戰，ICO 的吸引力不言可喻。許多早期投資人紛紛轉而投資 ICO 團隊。自 2017 年 6 月起，ICO 投資已超越早期風險投資模式，成為區塊鏈相關初創公司獲得資金的主要手段。

　　依據 icodata.com 的資料，2017 年發行成功的 ICO 共 875 件，募集超過 62 億美金。2018 年 1 月到 9 月，共有 1,135 件發行成功的 ICO，募集超過 710

Rank	ICO Name	Note	Total Raised	End of ICO	Project Types	Country Issued
1	EOS	Year Long	4100	6.2018	Infrastructure for Decentralized apps	BC infrastructure
2	Telegram	Private Sales	1700	3.2018	Tokens for messenger Social Media	British Virgin Islands
3	Dragon	New in 2018	320	3.2018	Decentralized Currency for Casinos Gambling	British Virgin Islands
4	Huobi	New in 2018	300	2.2018	Coin for South Korean crypto exchange/FinTech	Singapore
5	HDAC	New in 2018	258	12.2017	IOT platform backed by Hyundai BS&C Internet of Things	Switzerland
6	Filecoin		257	9.2017	Decentralized Market for Data Storage	USA
7	Tezos		232	7.2017	Platform for decentralized apps BC infrastructure	Switzerland
8	Sirin Labs	New in 2018	157.9	12.2017	Secured open source consumer electronics	Switzerland
9	Bancor		153	6.2017	Enabling direct conversion between tokens/FinTech	Switzerland
10	Bankera	New in 2018	150.9	3.2018	Banking for the Blockchain era/FinTech	Lithuania
11	Polkadot		145.2	10.2017	Simultaneous use of multiple Blockchain BC infrastructure	Switzerland
12	The DAO	Dead	142.5	5.2016	Decentralized autonomous organization Venture capital	Switzerland
13	Polymath	New in 2018	139.4	1.2018	Security token platform/FinTech	Barbados
14	Basis	New in 2018	133	4.2018	Stable coin without price volatility/FinTech	USA
15	Orbs	New in 2018	118	5.2018	Public Blockchain for decentralized apps BC infrastructure	Israel

▲ 圖表二：截至 2018 年 6 月底為止，募資金額最高的 15 個 ICO 中，有三分之二是在 2018 年募集的，且金額較 2017 年大幅提高。EOS 整年的募資，募得 41 億美元；而 Telegram 單是私募，就募得 17 億美元。

資料來源：Strategy& Initial Coin Offering & A Strategic Perspective. https://www.pwc.ch/en/publications/2018/20180628_PwC%20S&%20CVA%20ICO%20Report_EN.pdf.

億美金（以上數據未包含 EOS 和 Telegram 的數字，因為光這兩家就募得近 60 億美元）。而據 PWC 的估計，2018 年上半年，總共有 537 個 ICO 發行，共募集超過 137 億美元（包含 EOS 和 Telegram）；而 2017 年共有 552 個 ICO，總量超過 70 億美元。此外，截至 2018 年 6 月 30 日 PWC 的統計，自去年以來，觀察其平均值，ICO 的規模幾乎翻了一倍，從 1,280 萬美元增加到 2,550 萬美元。PWC 預估，至 2020 年為止，ICO 募集的資金將達 300 至 400 億美金的規模。

功能代幣和股權代幣的區分

數位加密代幣依其用途有不同屬性。一般最常見的是公司發行代幣用來吸引潛在客戶購買或預購公司產品或服務，或是用來獎勵利益相關者對價值鏈做出貢獻，這種代幣叫做功能代幣，通常被視為企業經營所需之交易工具。公司以加密貨幣型式發行減價券、折扣券、禮券、代幣、工時券或時間券等，可交換商品服務或取得優惠的代幣，均屬於功能型加密代幣。

其中，功能代幣較大的問題是稅務問題。公司發行的減價券、折扣券、禮券、代幣等，通常只有在跟公司購買交換產品服務時，須付一次營業稅或所得稅，因為數位代幣是否屬於商品尚有爭議。這些稅務問題尚須政府提出更清楚的規劃，可能的方案有兩種，一是在購買代幣時支付營業稅，之後都不須付稅，以避免一稅多課。二是在擁有者賣幣變現或跟公司購買產品服務時課徵營業稅，幣幣交易時則不用。上述兩種課稅方式應擇一使用。

股權代幣則是購買者則透過股權證券化，以代幣形式取得公司股權相關權益（如紅利分配，特殊投票權等）。用區塊鏈處理股權與股權交易的好處是，所有股權交易均存有完整且不可竄改的資料，不易有糾紛，且驗證只須進行一次即可重複使用，大幅節省股權交易成本。

美國有關股權代幣的法規

美國在證券市場及證交法規上居全球領導地位，許多國家在訂立相關法規

時，均以美國作為參考。股權代幣 Howey 測試，是美國最高法院為確定某些交易是否是「投資合約」而使用的測試規則。如果該交易根據 1933 年「證券法」和 1934 年「證券交易法」被認為是證券交易，就須遵守某些嚴格的資訊揭露、審核、登記和誠信要求。

根據 Howey 測試，若 ICO 同時滿足以下 4 項條件，則該代幣交易屬於投資合約：（1）以金錢交換的投資；（2）提供資金方期望由投資中獲利；（3）資金投入一個共同的企業；（4）任何利潤均來自發起人或協力廠商的努力。

ICO 問題的浮現

ICO 發展至今，逐漸有幾個重要問題開始浮現，包括：（1）外行人充斥，過度承諾的 ICO 氾濫；（2）ICO 發行成本不斷增加；（3）賭性堅強，抱短線投機炒幣心態的投資者的大量介入；（4）詐欺者利用 ICO 熱潮斂財；（5）投資過程不透明，「韭菜」糾紛不斷；以及（6）惡幣驅逐良幣。

以下針對這些問題逐一說明：

1. 外行人充斥，過度承諾的 ICO 氾濫

   由於早期 ICO 發行的成功，以及比特幣價值在 2017 年大漲近 20 倍等因素，ICO 募集的資金也不斷的提升。從 2014 年 MasterCoin 首次透過 ICO 募得的 50 萬美元，到 2018 上半年 Telegram 募集了 18 億，平均 ICO 募得金額已高達 800 萬美元。ICO 一時之間被炒得沸沸揚揚，不懂區塊鏈、不知如何運用區塊鏈、不會寫白皮書、不會發行代幣、沒有社群經營經驗、不知如何募資的人，都加入了 ICO 的熱潮。這些新進者對區塊鏈及代幣經濟不夠了解，常低估區塊鏈技術研發與解決方案開發與運營的挑戰，以致在可達成項目和價值上做出過度承諾，大幅提高計畫失敗的風險。

2. ICO 發行成本不斷增加

   為了協助新人發幣，區塊鏈顧問產業應運而生。由於許多顧問原本就來

自風險投資界，遂將 IPO 的部分模式也導入 ICO。故 ICO 的發行，由本來只要一本白皮書加一個網頁就可以募資，演化得越來越複雜。目前 ICO 的發行須透過聘請顧問指導規劃事業模式、撰寫白皮書、建立網站、經營社群、參加全球路演（roadshow）及私募聚會、發行糖果代幣（吸引粉絲來社群按讚）、付費餐與大型區塊鏈論壇、展演、取得白名單、私人銷售、公開銷售、公開發幣、介紹上交易所等方式進行，如圖表三所示。

▲ 圖表三：2018 年起，發行 ICO 的過程變得複雜。

同時，發行 ICO 的工作幾乎可以全部外包，由於競爭的增加，ICO 的平均發行成本也大幅提升，由早期幾乎無額外費用，到 2017 年 7 月的 10 萬美元左右，直至 2018 年 7 月更已超過百萬美元。如包括支付予顧問和早期投資人的代幣紅利，短期維持幣值需要創造的價值早已達到好幾百萬美元。對負責任的創業團隊而言，不斷提升的 ICO 發行成本早已高出負荷範圍；然而，對根本沒想開發的詐欺者而言，則只是詐欺的的成本而已。

3. 賭性堅強，抱短線投機炒幣心態之投資人的大量介入

早期 ICO 投資者主要以資助 ICO 團隊研發區塊鏈基礎技術，創造未來價值為主，募資金額不高，回報期也普遍較長。2017 年起，除 ICO 容易募資外，在團隊還沒有完成最小影響價值的產品服務開發之前，代幣尚缺乏實質價值（稱為空氣幣），就已經在交易所交易。幣值支撐不足，即容易因炒作而價格大幅震盪；然而，幣值的動盪反而吸引了更多喜歡炒幣的人加入。這些人希望快速獲利出場，ICO 本身的品質反而不如短期幣值的炒作力道重要。維持幣值，避免代幣因交易量不足或價值太低被交易所下架，成了 ICO 團隊的主要責任。投資者對 ICO 團隊的要求，不是要創造

出產品服務與推廣價值來實現 ICO 募得的夢想本益比，而是讓幣值支撐到投資者能夠成功退場為止。炒幣的熱潮，增加了代幣的流通性與幣值，但也容易迫使 ICO 團隊偏離了創新價值創造的正軌。

4. 詐欺者利用 ICO 熱潮斂財

由於 ICO 募資相對容易，詐欺者也一湧而入。依據 2018 年 6 月 Satis Research 的報告[2]，78% 的 ICO 可被歸類為詐騙（募資後消失、未展現有交付白皮書所承諾之項目的意圖或可能），約有 4% 已宣告失敗，3% 已經死亡，只有 15% 的 ICO 成功進入交易所。部分幣圈人士甚至認為 99% 的幣是空氣幣。美國證管會（Securities amd Exchange Commission, SEC）為保護投資人，特別製作一個假的 ICO 網站，教導投資者如何辨識詐欺的 ICO。然而，令人啼笑皆非的是，竟真有投資者試圖在該假網站上投資。史上最大的 ICO 詐欺事件可能是越南的 Modern Tech，其於 2017 年 11 月發行 Pincoin 代幣，向投資者宣稱每月最多可取得 40% 的獲利，在年平均收入約 2,000 美元左右的越南，向 3.2 萬名投資人募得 6.58 億美元後，團隊成員遂於 2018 年 3 月全數不見蹤影，使得投資人求償無門[3]。

5. 投資過程不透明，「韭菜」糾紛不斷

2017 年成功 ICO 的代幣，其幣值成長動輒十倍百倍，吸引了許多對創投這種高風險投資沒有任何經驗的人的加入。這些沒有能力判斷 ICO 好壞，俗稱「韭菜」的人，在 ICO 熱潮下，都希望能透過炒幣一夜致富。由於好的 ICO 都會對早期投資人的條件及最低投資門檻設下限制，韭菜通常不懂該投資哪些 ICO，因而不得其門而入。監理限制反而讓這些韭菜

---

2 Sherwin Dowlat (2018, 6). Cryptoasset Market Coverage Initiation: Network Creation, Satis Research. Retrieved from https://research.bloomberg.com/pub/res/d28giW28tf6G7T_Wr77aU0gDgFQ.

3 David Meyer (2018, 4). Vietnam Is Outraged Over a 658 Million Cryptocurrency Scam, *Fortune Magazine.* Retrieved from http://fortune.com/2018/04/12/icos-cryptocurrency-scam-vietnam/.

得以透過一些圈內人，或「有關係」的領投中間人參與早期投資。這些中間人透過社群群組擔任領投，吸引韭菜加入集資共投。好的群眾募資（Crowdsale）中間人會在集資購買 ICO 代幣後，把所得的代幣或利潤分配給參與的投資者。但這種不公開、不透明的場外交易模式，對投資者完全沒有保障，有些不肖中間人侵占韭菜的錢，或是用韭菜的錢購買代幣獲利後，卻謊稱沒買到，只退成本賺取中間利潤，因此糾紛不斷，也使好的領投人背負惡名。

6. 劣幣驅逐良幣

過度承諾與欺詐性投機者充斥，讓大部分留著這些幣的投資者血本無歸。投機短線的心態，讓 ICO 團隊無法聚焦於價值創造。ICO 計畫普遍缺乏透明度，讓投資者難以分辨詐欺者與創新者，提高投資風險，欺詐者鼓吹暴利，好團隊不吹噓，反而難以募到資金，造成劣幣驅逐良幣的結果。目前 ICO 發行者所須面對的挑戰，除高成本外，還有如若 ICO 未能達到募資最低標（soft cap）即算失敗，必須退回所有收到的資金或代幣，以致血本無歸。

2018 年 ICO 的轉變

在過去的一年中，ICO 產業經歷了許多改變，包括：（1）監理風險、自律組織與各國監理逐漸轉嚴；（2）自律組織的興起；（3）股權代幣和功能代幣的切割；（4）幣鏈切割與互相落實加值的抉擇；（5）由幣值炒作，提升為協助系統性的資產數位化，為產業創新注入活水。

以下針對這些改變逐一說明：

1. 監理風險、自律組織與各國監理逐漸轉嚴

ICO 發行者還有一個更大的挑戰，那就是觸法的風險。ICO 團隊在未能提供產品服務前，便對大眾預售代幣募資，募得的數百萬美元遠遠超過各國

眾酬法規的上限。各國對於 ICO 募資是否牽涉到證券交易法並沒有一致的規範，跨國募資等於是遊走在法律邊緣。日本目前係以與 IPO 同等的嚴格標準對待 ICO，以致許多 ICO 團隊紛紛出走。然而，大部分的國家仍對 ICO 暫採容忍策略。由上述可見，ICO 的問題如此之多，但為何除中國外，全球監理單位都不太敢立刻禁止 ICO 的發行？監理法規的訂定曠日廢時，是主要因素。法規的改變速度追不上快速改變的技術和新興事業模式，這些監理者都看到區塊鏈與代幣經濟對未來產業競爭力的重要性，深怕若監理法規未訂定完備，可能扼殺關係到國家未來競爭力的關鍵技術與產業，因此各國對於相關法規的規劃與監理探討均十分謹慎。但自 2018 年中起，包括美國在內的國家都積極準備立法規範 ICO，預計一年內，多數國家均會準備開始立法。目前各國對 ICO 所持態度，大致可歸納為以下四類，如圖表四所示。

監管方式	國家（地區）	主要內容
禁止	中國、南韓	● 中國於 2017 年 9 月禁止 ICO 相關活動，但仍占有全球代幣交易比例超過 50%。2018 年 9 月起嚴禁透過社群媒體推銷 ICO。 ● 南韓於 2017 年 9 月禁止 ICO 發行。然而，2018 年 5 月國會議員洪宜洛（Hong Eui-rak）表示：「立法者正在制定一項取消 ICO 禁令的法律」。 ● 10 月 3 日 FSC 主席閔秉都（Min Byung-Doo）表示：「強烈鼓勵政府將 ICO 合法化，並採取更好的加密相關監管框架，以使當地市場合法化」。

監管方式	國家（地區）	主要內容
發布警示或加強宣導	日本、歐洲、馬來西亞、香港、美國、台灣	• 日本金融廳警示虛擬通貨價格變化劇烈，風險極大，且部分 ICO 可能涉及詐騙行為。 • 歐洲證券與市場監理機關（ESMA）指出，ICO 對投資人的風險很高。 • 馬來西亞央行（BNM）與證券委員會（SC）均表示，未經允許即從事 ICO 業務，恐觸犯證券委員會轄下的證券相關法規及央行轄下的金融服務相關法規。 • 香港的金融監管當局運用多元的媒體管道強化宣導，提醒大眾留意投資虛擬通貨與 ICO 的風險。 • 美國以個案決定。證管會設置虛構的 ICO 網站，引誘民眾點閱，將其引導至宣導網站，並依實際經驗，提供反詐騙資訊。
個案認定	瑞士、泰國、美國、新加坡、加拿大、香港、台灣	• 瑞士金融市場監理局（FINMA）於 2018 年 2 月發布指引，定義 3 種 ICO 類型，指出具證券屬性之代幣須遵循證券相關法令，以利市場遵循。 • 泰國於 2018 年 5 月頒布數位資產事業法（Digital Asset Business Law），規定 ICO 發行者僅限有限公司，且 ICO 募資須獲美國證管會核准，並須透過其認可的平台進行；此外，ICO 發行者亦須定期向證管會提交財務及營運報告。 • 美國證管會、新加坡金融管理局（MAS）、加拿大證券管理局（CSA）及香港證監會（SFC）指出，ICO 須經個案認定，若所發行的代幣實質上具證券屬性，則應遵循證券相關法規。 • 台灣金管會顧立雄主委於媒體說明。
立法支持	法國	• 2018 年 7 月宣布積極立法開放 ICO 中，希望成為全球 ICO 首都（Article 26 of the new legal scheme）。

▲ 圖表四：各國對 ICO 所持態度分類表。

資料來源：中央銀行（2018 年 6 月），Fusion$360 整理。

2. 自律組織的興起

許多國家，包括台灣的監理機構，均巧妙運用負責任業者的自律組織來填補監理法規立法的空檔。台灣於 2018 年 5 月 22 日由立委許毓仁、臺灣金融科技協會理事長王可言與常務監事前政委蔡玉玲，在立法院共同發起台灣區塊鏈與加密貨幣自律組織。期望透過業者的自律合作，共同訂定並遵循高標準的行為規範，為尚在萌芽階段的台灣區塊鏈產業奠定良好基礎。此外，各國政府也積極研擬相關法規環境的改善，如台灣、韓國及日本國會，均發起區塊鏈產業發展立法推動連線，期待透過業者自律及法規的雙管齊下，有效防止詐欺、吸金等弊端藉機發生，也能健全區塊鏈及加密貨幣產業未來的發展方向，透過科技與實質的政策討論，提供更好的金融監理與規範。

3. 股權代幣和功能代幣的切割

股權代幣代表投資者對公司，或其所創建的產品，服務價值和資產的分割擁有權，以及未來價值如紅利的分配權。功能代幣代表代幣擁有者對該產品或服務價值的貢獻度，以及對應價值的使用分享權。每個代幣都有其相對應的權利、義務和限制。數位加密貨幣的優點，就是可以透過共識平台取得協議，並透過可信賴的智能合約自動執行。

目前幾乎所有的 ICO 都宣稱它們發行的是功能幣，問題是它們又期待用募資取得的資金來開發產品、技術和服務，把預售的功能幣和投資的股權幣混為一談，讓這些 ICO 在監理上面臨合規的挑戰。

4. 幣鏈切割與互相落實加值的抉擇

基於幣圈的種種亂象，許多人提倡切割區塊鏈及代幣。然而，區塊鏈有兩個重要的價值： 一是在缺乏信任的環境裡（幾乎所有的環境都屬於這類），透過好的共識機制，創造一個可以信任的決策或證明。 二是透過代幣經濟，激勵生態圈價值鏈裡的成員對生態圈的永續價值做出貢獻。幣圈分離等於砍掉區塊鏈的一隻腳，因噎廢食，大大減低其價值。

5. 釐清產業價值重點

區塊鏈產業價值的重點在於資產數位化，而非數位資產化。資產數位化後，便有助於優化及改進事業模式。數位資產如果不能和實體經濟和價值結合，終究只是數字遊戲，代幣也不過是炒作工具而已。只有和實體價值整合，資產數位化、權證化後，企業方可活化產權、改變事業模式，擴大企業價值鏈與整體價值，區塊鏈的效益才能充分發揮。

2019 年 ICO 2.0 的新紀元

1. 新型態 ICO 模式的興起

經過了一年多的演變，各方對 ICO 的機會和目前問題都有了深刻了解，也提出許多不同模式的可能解決模組，包括滾動型或發行多次的 ICO（Rolling ICO, RICO）、初次交易上架發行（Initial Exchange Offering, IEO）、私募（Private Fund Raising）、初次貸款上架發行（Initial Loan Procurement, ILP）、股權代幣發行（Security Token Offering, STO）、競標（Bidding）、可轉換債權（Convertible Debts）或股權代幣（Simple Agreement for Future Tokens, SAFTE）等。

以下針對幾項常見的可能解決模組進行說明：

(1) 滾動型或發行多次的 ICO

滾動型或發行多次的 ICO。過去 ICO 只發行一次，如果在截止日期前未達到最低募資額度就算募資失敗。有些團隊在一次募資未達目標時，就會不斷地延期或再發。發行未達標而不斷延期，或已達標，卻不聚焦在開發創造價值，仍不斷募資的團隊，可能讓投資人認為缺乏誠信，不值得投資。但是如果團隊事先就規劃好募資會分階段發行，則屬例外，建議選擇那些每次發行完，即會利用募得資金開發產品服務，開始營運後才再次發行的團隊。史上募資額度最高，高達 40 億美

元的 EOS，就是一個持續募資長達一年的例子。

(2) 初次交易所上架發行

IEO 和 ICO 的區別在於 IEO 團隊會在發幣後直接到交易所上交易。好處是交易所通常有許多既有顧客，直接向幣圈人士募資、市場大，可能募集較大的金額；且價格係依市場機制而訂、流動性高，好的團隊，其幣值有快速上揚空間。缺點是幣圈人士不一定是 IEO 團隊的潛在顧客。與潛在顧客互動，以使其預購未來服務，以及鼓勵提出需求等代幣經濟中重要的好處，都得另外想辦法才能達到，少掉了 ICO 一個很大的功能。對還沒有產品服務的團隊而言，還有可能因實質價值無法支撐幣值，流通動能不足而被交易所下架。

(3) 私募

由於大部分 ICO 公司在發行代幣時，還未開發完成，不能直接對潛在顧客提供服務，故其所購買的是可以轉讓的未來使用權代幣。如果需要用募來的資金開發這些功能，可能會被監管單位認為是證券型的代幣募資。加上 2018 年中後，眾酬型的公開發行進入熊市（市場疲乏，缺乏動力），許多優秀的團隊乾脆只做私募，靠好的團隊和計畫書，或是既有之產品服務已創造的市場價值，來吸引專業投資者的青睞。Telegram 在私募期超標募到 17 億美金後，提前終止 ICO 就是一個絕佳例子。Telegram 證明，只要是好的計畫，透過私募，也一樣可以募到大量資金。

(4) 初次貸款發行

ILP 是由日本的 Blockhive 首先提出。Blockhive 提供區塊鏈平台服務，有資金需要的 ILP 團隊到 Blockhive 上提出需求，Blockhive 審核其確實有區塊鏈的需要後，即會在開放的平台上徵求投資者，有興趣的投資者在線上登記後，即可用以太幣投資。Blockhive 為提供資金的投資者和 ILP 項目方建立一個智能合約，再把籌到的代幣送入 ILP 團

隊指定的帳戶，募資就算完成。之後 ILP 團隊每年須給付營業利潤的 20% 的作為利息。

(5) 股權代幣發行

股權代幣發行最近的主流思維，是發行合規的證券型代幣來取代功能代幣。主要的觀點是因為功能代幣容易淪為空氣幣，對投資者沒有保障。擁有股權、可以分配紅利的股權型代幣，不失為一個好的選擇。要注意的是證券發行成本和維護成本都非常高，用在新創身上其實並不適合，合規的規範和執行成本很可能就把小公司給壓垮，對有限的監理資源也是一種浪費，反而會降低國家對上市公司的監理能力，造成更大的風險。像日本用證券發行的高標準監管 ICO，讓許多公司出走，使得日本在區塊鏈的影響力大為降低。STO 要成功，需要業者和主管機關共同擬定對新創的最佳監理模式。

(6) 競標

部分團隊利用競標模式發售代幣。這對已有一定名氣的團隊來說，是值得一試的方案。

(7) 可轉換債權或股權代幣

可轉換債權或股權代幣（SAFTE）是依據創投 Y Combinator 設計的制式簡易未來股權合約（Simple Agreement for Future Equity, SAFE）為基礎，針對部分私募投資者希望能擁有公司股權的簡易制式合約進行處理。Y Combinator 設計 SAFE 的目的為解決新創早期的募資估值困難，以及談判的耗時複雜，利用可轉換債的型式，把對新創公司投資最棘手的估值和換股比例談判延到下一輪募資，以降低種子募資的投資障礙，並以特別股折扣優惠或預約最高股價的模式，保障投資者的權益。SAFTE 運用類似的概念，只是把早期投資者的可轉換債合約，用相當比例的可轉換債代幣或股權代幣取代。可轉換代幣的擁有者可依據智能合約，在公司首次發行代幣時將其擁有之可轉換代幣以購買

時簽署之合約條件轉換成股權代幣、功能代幣、或部分股權代幣和部分功能代幣混合的模式。如果公司發行的是股權代幣，則股權代幣擁有者有權在公司首次功能代幣發行時，依購買時簽署之合約條件（如專屬折扣或紅利），將部分或全部之股權代幣轉換成功能型代幣。依 SAFTE 購買的可轉換代幣雖然不是股權，但因為公司如用 SAFTE 取得的資金來開發產品或服務，SAFTE 模式其實還是一個投資合約（請參考第 45 頁 HOWEY 測試之相關說明），因此可能會被監理機關認為是證券型交易。這和潛在顧客透過賞金或優惠價格在預售期取得功能性代幣（就像取得商店點數或預購禮券一樣），並於未來用以支付發幣公司的產品或服務，或在代幣交換所交換其他代幣或法定貨幣的功能型代幣模式不同。值得注意的是，發行股權需要向監管單位登錄。由於公開發行股權的程式複雜與成本高昂，許多國家都有豁免條件。如美國，在 1933 年「證券法」中提供了對小額發行的豁免條件[4]：依美國「證券法「第 3（b）條授權證管會制定規則（rule）或條例（regulation），允許總額不超過 500 萬美元的證券發行無須註冊，但前提是註冊的豁免對於公共利益及投資者保護沒有影響。但在首次出售後兩週內，還是須向證管會提交表格 D（Form D）[5]，且在募資過程中不可對投資者提供任何不實或誇大訊息。表格 D 是一份簡短的通知，其中包括有關公司和發售的基本資訊，例如公司負責人的姓名和地址，發行規模和首次銷售日期等。

---

4 US Gov. Electronic Code of Federal Regulations (e-CFR data is current as of September 6, 2018). govinfo.gov. US Government, 09 06, 2018 (Cited: 09 08, 2018). https://www.ecfr.gov/cgi-bin/text-idx?SID=e282de4f5c69b6a69c70dd05d5b92d39&mc=true&node=sg17.3.230_1498.sg11&rgn=div7.

5 US Security and Exchange Commission. Fast Answer: Regulation D Offerings. US Security and Exchange Commission. US Government (Online, cited: 09 06, 2018). https://www.sec.gov/fast-answers/answers-regdhtm.html.

以下為發行 SAFTE 的步驟：

步驟 1：團隊建立網站並發布白皮書，並於某國或美國某州完成公司註冊。

步驟 2：公司與經認證投資者或有經驗的潛在顧客達成協定，並簽屬 SAFTE 合約，合約中規定公司對投資者提供可轉換債權代幣或股權代幣及未來公開發行功能代幣時的轉換條件（如折扣或紅利）與限制（如限制投資者 6 個月後才能轉手代幣及每次轉手總量的限制）。如有美國投資者，依據美國 1933 年「證券法」D 條例第 506（c）條規定的豁免條件，將股權代幣或可賺換債代幣銷售給經認證的投資者，取得 500 萬美元以下的資金（發售之前 12 個月及發售期內依 A 條例發售的全部證券的總發行額不得超過 500 萬美元）。並向證管會提交表格 D，披露銷售資訊。

步驟 3：公司使用所得資金開發有實質價值的產品或服務。

步驟 4：公司啟動公開發行，並將代幣交付給投資者。公司與投資者直接或間接透過交易所向公眾與顧客銷售功能性代幣。

2. 未來 ICO 的自律與監理發展

區塊鏈創新團隊要成功，一定要符合規範，但監管規則也須因應產業快速變化的特性改變。最好的方法是把 ICO 定位在眾籌與上櫃之間，並透過自律組織，共同訂定業者的最低行為準則。在取得主管機關同意後，以自律模式積極保護消費者權益、排除系統性風險，並阻擋詐欺者介入。臺灣金融科技協會在 2018 年 5 月 22 日在立法院，與立法院區塊鏈發展連線共同宣布成立台灣區塊鏈及加密貨幣自律組織（SRO），並於同年 8 月 24 日完成加密或幣交易所的行為準則（Code of Conducts for Exchanges），就是希望在 ICO 的亂流中創造出一股清流。

關於未來 ICO 的發展走向，詳細說明如下：

(1) 未來 ICO 模式的演變

ICO 在 2017 年中到 2018 年 3 月，經歷了一段瘋狂割韭菜的亂流後，逐漸趨於平靜（進入熊市）。2018 年 4 月後，各國監管機關紛紛發出警告，亞洲的韭菜也快速枯竭，造成只有非常少數與現有產業需求結合的 ICO 才能募到資金，但同時專業投資人也開始進入。

2018 年 7 月起，加密貨幣幣值大幅滑落，尤其是大部分 ICO 團隊所使用的以太幣，在 8 月中到 11 月中大幅滑落，幣值損失近 75%。由 2018 年 1 月的高峰值，到 9 月 9 日的 215 元，最終落回 2017 年 6 月的價格（幣值降低近 85%）。主因可能是 2018 年以太幣由 1 月中超過 1,300 美元的價值高峰，到 8 月中的大幅滑落，損失了超過三分之二的幣值，再加上過去一年募資成功的 ICO 團隊持有大量以太幣，為保護開發資金，紛紛拿出來套現，造成幣值的進一步下滑。往後比特幣降到 3,000 美元以下、以太幣降到 100 美元以下，可能性均高。

(2) 人工智慧的欺詐檢測及預防工具的出現

數位經濟的特點之一是在數位世界凡走過必留痕跡。臺灣金融科技公司（Fusion$360）是全球最早以 AI 技術投入區塊鏈與 ICO 產業分析的公司。其 KYCICO 工具對 ICO 團隊成員、受益人、顧問及其信評與歷史信譽、成敗、及與其他團隊的關係，運用 AI 技術進行全方位的分析，包括白皮書的內容、里程碑合理度、達成現狀、代幣經濟設計模式、投資回饋模式、社群互動、輿情或口碑、Q&A、意見回饋頻率、投資人或客戶互動熱度、加密保護的財務報告與金融往來紀錄、營業績效統計等內容。隨著區塊鏈應用產業的擴大，未來將會有更多公司投入以人工智慧技術來分析應用團隊的智產價值與計畫落實能力，及透過欺詐檢測與預防工具，提供投資評等，降低投資人風險。

(3) ICO 重回基本面並進入傳統產業加值

　　這一波 ICO 泡沫，將對 ICO 模式造成巨大衝擊。過去的 ICO 模式，幾乎已是窮途末路。機構投資人一般除了功能代幣外，也對股權代幣抱持著高度興趣。許多人因此預測，2019 年會是股權代幣年，將有更多的團隊以美元或其他法定貨幣募資，而不只是以代幣進行。好消息是，好的團隊在這波新的熊市中反而較易出頭；而傳統創投的介入，也會加速 ICO 模式的演變速度並使之漸趨合理化。未來也將有更多企業及傳統產業慢慢加入 AI 與區塊鏈應用行列。然而，由於大部分傳統產也缺發 AI 與區塊鏈人才與專業能力，一個新的服務產業將快速成形。AI 與區塊鏈業者和傳統企業結合，共同開發新解決方案，如需求驅動的智慧製造、智慧物流、供應鏈優化、供應鏈金融、新健康、新零售、新金融等應用，共同發行加密貨幣、推動跨產業整合服務等，則會成為新興產業。

3. 未來 ICO 模式

　　未來的 ICO 可能不會是前述提到的任何一種新 ICO 模式，而是一種混合型的模式。台灣科技金融協會把 ICO 2.0 的價值創造切分成四個階段，包括：（1）私募；（2）開發與價值創造；（3）功能代幣發行；（4）代幣經濟激勵持續價值創造，如下圖所示。

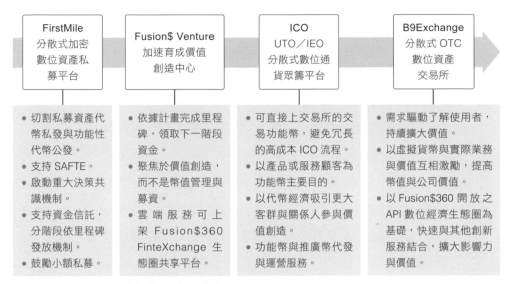

▲ 圖表五：ICO 2.0 的價值創造四階段。

資料來源：Fusion$360。

　　臺灣金融科技公司倡議，在早期階段應該用較小規模、回歸價值根本、不需大量時間及成本，向具專業知識或經認證投資者私募的模式。一個最佳例子就是臺灣金融科技公司為 ICO 2.0 所設計的 FirstMile 私募平台。這個平台利用 AI 技術自全球區塊鏈團隊中精選出適合的團隊，與經過篩選的專業或已信用認證的投資者形成一個價值圈，透過以其分析專家對團隊做出盡職調查（due diligence）評估報告，提供給投資者參考，讓投資者大幅縮短投資評估時間，團隊也可減少募資的資源和人力的消耗，以聚焦在模式的創新與技術的研發。值得一提的是，FirstMile 的特色除將 ICO 私募與公開發行切割、插入價值開發期，讓團隊聚焦在實質解決方案與價值創造，而不是募資或幣值的維護外，還支持 SAFTE 模式，活化早期投資人股權與功能比的組合即退出模式。更重要的是支持主要投資人與團隊運用區塊鏈共識機制，共同參與重要決策（但會對團隊進行必要的保護機制，避免投資人過度干預），及數位資產透過智能合約信託，依里程碑達成分段自動發放資金等機制，讓團隊可以逐步開發產品服務，創造有實質

價值的解決方案。等產品服務上線，更可以直接上交易所發行與交易功能代幣，跳過冗長、高成本的 ICO 流程。即使團隊仍選擇以 ICO 或 IEO 模式公開發行代幣，把 ICO 或 IEO 模式延到解決方案開發後，可以讓團隊在實質價值持續上升期間公開募資，不但可以提升募資額度，還可以縮短團隊實質價值與期待加值落差時間，讓團隊不須為維持幣值而花費大量資源。

此外，臺灣金融科技公司也以分散式交易的模式開發了一個名為 B9Exchange 的全方位功能性代幣場外交易系統（omni-channel over the counter exchange），讓許多缺乏區塊鏈技術人員的傳統企業，也可以運用開發模組與 API 經濟平台，快速開發全通路（omni-channel）代幣，可透過去中心化、低價的全方位通路代幣交易所推動代幣經濟，吸引激勵更大潛在顧客與價值關係人參與生態圈價值貢獻，如透過獎勵取得顧客痛點或需求，轉型成為需求趨動製造模式，或獎勵利害關係人對於產品設計開發、製造、推廣、行銷、銷售、物流、社群經營、回饋、改進等全方位的價值貢獻。同時，此系統也可透過智能合約將利益相關者的價值創造和分享模式編碼自動化，讓價值生態圈落實在區塊鏈的產業應用中。

前言

區塊鏈係以分散式網絡（distributed network）、密碼學（cryptography）與共識運算法（consensus protocol）作為基礎，提供去中心化、安全、信任的分散式帳本技術。區塊鏈可將交易資訊散布在各個計算節點中的區塊資料中，不被單一實體掌控，無懼計算節點的單點失效，使交易資料具備安全、透明、可永久記錄等多重特性。

相較於先進的區塊鏈技術，目前傳統的交易記錄和跟蹤資產的方法相對顯得昂貴，也缺乏效率。分析其原因，除了有中間人從中收取昂貴的服務費用之外，也常出現拖延合約的履行以及人員行政效率低落等現象發生。此外，中間人的資訊系統其實也很脆弱，若中央集中式系統遭受網路攻擊、系統錯誤或監守自盜等問題時，一旦造成單一的中央資訊系統的損害，整個系統與業務相關資訊都將癱瘓而無法運作。

區塊鏈被視為實現高效率數位經濟的解決方案，它可以減少對中介機構的需求，減少許多重複的行政作業，特別是使用智能合約的軟體取代白領人員行政作業及跨機構、跨系統資訊調閱、整合、交換與確認等作業，對於合約交易執行的效率絕對是大幅提升。

區塊鏈分散式帳本結合加密貨幣，將可在數位經濟時代提供一種全新、去中心化的新金融平台。區塊鏈堪稱是結合交易記帳與貨幣流通的新世代網際網路。

加密貨幣是數位貨幣（或稱虛擬貨幣）的一種，使用密碼學技術，創造出可以確保安全，以及控制發行數量的數位式貨幣媒介。最知名的加密貨幣就是比特幣。比特幣是由中本聰（化名），於 2009 年 1 月 3 日以開源軟體創立。比特幣讓任何人都可以透過所謂礦機，提供比特幣區塊鏈網絡的計算力，以公

平機會取得比特幣獎勵（俗稱挖礦），或是透過線上的交易所，以法定貨幣（例如美金）來購買他人手上的比特幣。透過其軟體運算法的設計，控制發幣數量上限為 2,100 萬個，成功讓它成為一種具備稀有價值的虛擬商品。只要知道對方的比特幣帳號字串，透過私有的金鑰簽章，就可直接利用比特幣支付或轉帳，不需要再經過中間的金融機構，加上以錢包帳號就能操作貨幣移動的匿名特性，有效規避中間機構收取超額手續費、繁瑣流程以及金融監管，卻也相對地讓各國政府與金融監管機構擔憂該如何監管其中不當的詐欺與洗錢活動。

加密／虛擬貨幣目前不只一種，除了知名的比特幣，還有以太幣（ETH）、瑞波幣（XRP）、萊特幣（LTC）等，都是數一數二搶手的熱門虛擬貨幣，全球虛擬貨幣種類其實多達 1,500 種。

加密貨幣始祖　　區塊鏈多元應用　　銀行國際匯通　　比特幣分支／硬分岔　　高效率加密貨幣

區塊鏈近期興起所謂的代幣經濟（Tokenomic），全球興起產值超過 10 億美金的 ICO 初期代幣募集的活動浪潮，許多企業都開始嘗試以發行代幣來經營產品或服務支付、客戶忠誠的維持、鼓勵客戶參與貢獻、快速建立產品的知名度與激勵銷售等各種活動。

回顧 2017 年，是 ICO 發跡與快速成長的第一年，根據 Coinschedule 的統計，一年內，其累積募資金額就達到 38.8 億美元；到 2018 年 6 月的半年期間，更成長近 3 倍數達 106 億美元，已經是 2017 年全美 IPO 募資額 164 億美元的 65%。

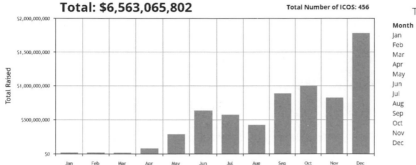

Month	Total Raised
Jan	$19,008,737
Feb	$22,463,657
Mar	$18,860,713
Apr	$81,817,029
May	$289,723,458
Jun	$639,053,515
Jul	$574,790,512
Aug	$426,955,503
Sep	$889,922,705
Oct	$996,282,112
Nov	$825,597,738
Dec	$1,778,590,123

▲ 圖表一：2017 年 ICO 全年各月份募資金額統計。

資料來源：https://www.coinschedule.com/stats.html?year=2017。

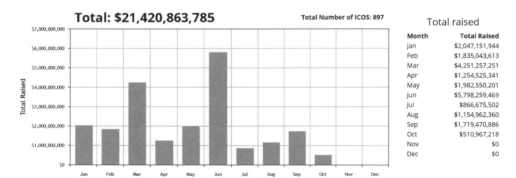

Month	Total Raised
Jan	$2,047,151,944
Feb	$1,835,043,613
Mar	$4,251,257,251
Apr	$1,254,525,341
May	$1,982,550,201
Jun	$5,798,259,469
Jul	$866,675,502
Aug	$1,154,962,360
Sep	$1,719,470,886
Oct	$510,967,218
Nov	$0
Dec	$0

▲ 圖表二：2018 年 ICO 全年各月份募資金額統計（統計至 2018 年 10 月）。

資料來源：https://www.coinschedule.com/stats.html?year=2018。

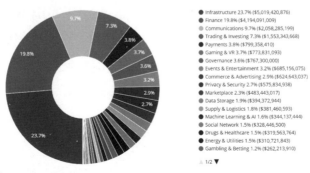

ICOs by Category 2018

- Infrastructure 23.7% ($5,019,420,876)
- Finance 19.8% ($4,194,091,009)
- Communications 9.7% ($2,058,285,199)
- Trading & Investing 7.3% ($1,553,343,668)
- Payments 3.8% ($799,358,410)
- Gaming & VR 3.7% ($773,831,093)
- Governance 3.6% ($767,300,000)
- Events & Entertainment 3.2% ($685,156,075)
- Commerce & Advertising 2.9% ($624,643,037)
- Privacy & Security 2.7% ($575,834,938)
- Marketplace 2.3% ($483,443,017)
- Data Storage 1.9% ($394,372,944)
- Supply & Logistics 1.8% ($381,460,593)
- Machine Learning & AI 1.6% ($344,137,444)
- Social Network 1.5% ($328,446,500)
- Drugs & Healthcare 1.5% ($319,563,764)
- Energy & Utilities 1.5% ($310,721,843)
- Gambling & Betting 1.2% ($262,213,910)

1/2 ▼

▲ 圖表三：2018 年 ICO 分類占比。

資料來源：https://www.coinschedule.com/stats.html?year=2018。

　　不過投資人在面對 ICO 這種高投資報酬風險，又欠缺專業知識的情形下，對 ICO 的投資可說是又愛又怕。各國政府目前對 ICO 的監管態度雖不一，但都會警告投資人須清楚了解投資風險，並慎選投資標的。一旦投資人蒙受損失，常會衍生對詐欺或非法吸金提告等情形，政府未來勢必將面對可能爆發的系統性風險與社會恐慌。因此，業者在發行 ICO 時必須多加留意，務必自律，遵從法律，也保障投資人權益。

　　日本、韓國及新加坡，近來也都由業界發起了區塊鏈及加密貨幣相關產業的自律組織，向市場上的投資者宣示自律守規的決心。各國政府均積極研擬相關法規環境的改善，韓國及日本國會也發起推動連線，期待透過業者自律及官方政策的雙管齊下，有效地防止詐欺、吸金等弊端接機發生，也能健全區塊鏈及加密貨幣產業未來發展方向，透過科技提供更好的金融監理與其他應用。而相關的規範，則有待實質的政策討論以助於產業生態的建立。

　　區塊鏈與加密貨幣在國際上正如火如荼地發展，台灣應該掌握機會，隨國際趨勢積極投入。為支持區塊鏈與加密貨幣業者推動負責任的創新應用，引導產業正向發展，並防止投機份子藉機炒作斂財，導致劣幣驅逐良幣，影響創新產業發展，臺灣金融科技協會遂會同立法院、專家學者、業者等，共同籌備成立「區塊鏈暨加密貨幣自律組織」。

　　2018 年 5 月，由臺灣金融科技協會偕同立法院推動區塊鏈連線、專家學者與業者意見，初擬了區塊鏈業者自律宣言，此宣言重點如下：「為促進成員發揚自律精神、恪遵法令規定、提升商業道德並建立市場紀律，以保障各成員、投資人及使用者之權益，並促進區塊鏈產業之繁榮、引導加密貨幣正向發展，特在此宣誓本自律組織之成員應信守以下之基本原則：守法原則、忠實誠信原則、善良管理原則、公開透明原則、保密原則、公平競爭原則。以此宣言誌之，本自律組織之所有成員將致力於高標準的行為準則，促進區塊鏈及加密貨幣產業之共榮共好，建構守序、良善的市場環境。」

　　區塊鏈產業自律組織的成立是國際趨勢，臺灣金融科技協會自 2017 年 9 月起積極倡導業者的自律合作，共同遵循高標準的規範，為萌芽階段的台灣區

塊鏈與加密貨幣產業奠定良好的基礎。臺灣金融科技協會於 2018 年 6 月開始
規劃建置「ICO 自律資訊揭露平台」，參考國內外自律組織之示範章程、國內
外認證機構之審核項目以及國內外產、官、學界之意見，制定最低揭露資訊項
目，並鼓勵自動揭露額外訊息，協助投資人做更佳之決策。

最後，附上全書精選之 50 則 ICO 個案清單予讀者參考，如下列二張圖表
所示。

類別	ICO 名稱	ICO 募資金額
區塊鏈	Binance	$15,000,000
區塊鏈	Bitpro	$20,000,000
區塊鏈	Cobinhood	$13,200,000
區塊鏈	Dragonchain	$13,700,000
區塊鏈	Filecoin	$205,000,000
區塊鏈	REMME	$20,000,000
區塊鏈	Telegram	$1,700,000,000
新健康	Medical chain	$24,000,000
新零售	BEE-Home sharing	$15,000,000
新零售	Bitdegree	$22,500,000
新零售	Bitjob	$27,000,000
新零售	Consentium	$42,000,000
新零售	ELIGMA	$10,056,000
新零售	Faceter	$28,610,352
新零售	GIFTO	$30,000,000
新零售	HOQU	$15,000,000
新零售	HoToKeN	$27,700,000
新零售	INS	$45,000,000
新零售	KODAKCOIN	$2,000,000
新零售	LNC	$300,000
新零售	Mithril	$61,193,400
新零售	Ship Chain	$30,000,000

類別	ICO 名稱	ICO 募資金額
新零售	Shping	$6,631,311
新零售	Trodove	$52,000,000
新零售	TTC Protocol	$35,000,000
新零售	Viberate	$10,714,285
新零售	Voise	$646,519
新零售	WePower	$40,000,000
新金融	AidCoin	$15,854,305
新金融	Ankorus	$58,919,000
新金融	Bankera	$150,949,194
新金融	Blockchain Terminal	$30,000,000
新金融	Debitum	$17,200,000
新金融	Descrow	$3,869,308
新金融	Global Gold Concerns	$5,602,300
新金融	HIVE	$8,949,421
新金融	InsurePal	$18,000,000
新金融	iPopulus	$10,220,400
新金融	Jibrel	$50,000,000
新金融	LAT	$20,000,000
新金融	Module Trade	$12,200,055
新金融	OriginTrail	$22,500,000
新金融	Pecunio	$20,539,923
新金融	Polymath	$400,000,000
新金融	Rentberry	$30,000,000
新金融	Sentinel Chain	$14,400,000
新金融	Swissborg	$51,000,000
新金融	WeTrust	$4,978,366
新金融	XinFin	$15,000,000
新金融	Zper	$23,211,600
ICO 募資金額總計		$3,495,645,739

▲ 圖表四：全書 50 則 ICO 個案（依 ICO 類別／名稱排序）。

類別	ICO 名稱	ICO 募資金額
區塊鏈	Telegram	$1,700,000,000
區塊鏈	Filecoin	$205,000,000
區塊鏈	Bitpro	$20,000,000
區塊鏈	REMME	$20,000,000
區塊鏈	Binance	$15,000,000
區塊鏈	Dragonchain	$13,700,000
區塊鏈	Cobinhood	$13,200,000
新金融	Polymath	$400,000,000
新金融	Bankera	$150,949,194
新金融	Ankorus	$58,919,000
新金融	Swissborg	$51,000,000
新金融	Jibrel	$50,000,000
新金融	Blockchain Terminal	$30,000,000
新金融	Rentberry	$30,000,000
新金融	Zper	$23,211,600
新金融	OriginTrail	$22,500,000
新金融	Pecunio	$20,539,923
新金融	LAT	$20,000,000
新金融	InsurePal	$18,000,000
新金融	Debitum	$17,200,000
新金融	AidCoin	$15,854,305
新金融	XinFin	$15,000,000
新金融	Sentinel Chain	$14,400,000
新金融	Module Trade	$12,200,055
新金融	iPopulus	$10,220,400
新金融	HIVE	$8,949,421
新金融	Global Gold Concerns	$5,602,300
新金融	WeTrust	$4,978,366
新金融	Descrow	$3,869,308

類別	ICO 名稱	ICO 募資金額
新健康	Medical chain	$24,000,000
新零售	Mithril	$61,193,400
新零售	Trodove	$52,000,000
新零售	INS	$45,000,000
新零售	Consentium	$42,000,000
新零售	WePower	$40,000,000
新零售	TTC Protocol	$35,000,000
新零售	GIFTO	$30,000,000
新零售	Ship Chain	$30,000,000
新零售	Faceter	$28,610,352
新零售	HoToKeN	$27,700,000
新零售	Bitjob	$27,000,000
新零售	Bitdegree	$22,500,000
新零售	BEE-Home sharing	$15,000,000
新零售	HOQU	$15,000,000
新零售	Viberate	$10,714,285
新零售	ELIGMA	$10,056,000
新零售	Shping	$6,631,311
新零售	KODAKCOIN	$2,000,000
新零售	Voise	$646,519
新零售	LNC	$300,000
ICO 募資金額總計		$3,495,645,739

▲ 圖表五：全書 50 則 ICO 個案（依 ICO 募資金額排序）。

■ 市值上漲　■ 市值下跌　■ 未公開銷售

類別	ICO 名稱	ICO 募資金額	代幣單價	2018 年 10 月 17 日市值	2018 年 10 月 17 日代幣單價	市值變化（%）	代幣市價變化（%）
區塊鏈	Telegram	$1,700,000,000					
區塊鏈	Filecoin	$205,000,000	$0.750000		$4.940000		658.67%
區塊鏈	Bitopro	$20,000,000					
區塊鏈	REMME	$20,000,000		$4,200,825		21.00%	
區塊鏈	Binance	$15,000,000		$1,169,972,786		7799.82%	
區塊鏈	Dragonchain	$13,700,000		$45,578,953		332.69%	
區塊鏈	Cobinhood	$13,200,000		$9,903,553		75.03%	
新金融	Polymath	$400,000,000		$57,557,673		14.39%	
新金融	Bankera	$150,949,194	$0.019380		$0.003389		17.49%
新金融	Ankorus	$58,919,000					
新金融	Swissborg	$51,000,000		$5,693,756		11.16%	
新金融	Jibrel	$50,000,000		$21,363,753		42.73%	
新金融	Blockchain Terminal	$30,000,000					
新金融	Rentberry	$30,000,000		$1,870,033		6.23%	
新金融	Zper	$23,211,600		$6,658,252		28.69%	
新金融	OriginTrail	$22,500,000		$9,363,754		41.62%	
新金融	Pecunio	$20,539,923	$1.500000		$0.000015	0.00%	0.00%
新金融	LAT	$20,000,000		$6,536,574		32.68%	

類別	ICO 名稱	ICO 募資金額	代幣單價	2018 年 10 月 17 日市值	2018 年 10 月 17 日代幣單價	市值變化（%）	代幣市價變化（%）
新金融	InsurePal	$18,000,000		$2,188,636		12.16%	
新金融	Debitum	$17,200,000		$2,483,942		14.44%	
新金融	AidCoin	$15,854,305		$2,170,677		13.69%	
新金融	XinFin	$15,000,000		$4,961,963		33.08%	
新金融	Sentinel Chain	$14,400,000		$1,910,633		13.27%	
新金融	Module Trade	$12,200,055					
新金融	iPopulus	$10,220,400		$123,989,392		1213.16%	
新金融	HIVE	$8,949,421		$9,649,506		107.82%	
新金融	Global Gold Concerns	$5,602,300					
新金融	WeTrust	$4,978,366		$2,567,041		51.56%	
新金融	Descrow	$3,869,308					
新健康	Medical chain	$24,000,000		$4,263,931		17.77%	
新零售	Mithril	$61,193,400		$96,825,040		158.23%	
新零售	Trodove	$52,000,000					
新零售	INS	$45,000,000		$14,063,191		31.25%	
新零售	Consentium	$42,000,000	$0.250000		$1.270000	0.00%	508.00%
新零售	WePower	$40,000,000		$14,590,196		36.48%	
新零售	TTC Protocol	$35,000,000		$19,226,201		54.93%	
新零售	GIFTO	$30,000,000		$39,532,541		131.78%	

類別	ICO 名稱	ICO 募資金額	代幣單價	2018 年 10 月 17 日市值	2018 年 10 月 17 日代幣單價	市值變化（%）	代幣市價變化（%）
新零售	Ship Chain	$30,000,000		$1,967,979		6.56%	
新零售	Faceter	$28,610,352		$1,721,664		6.02%	
新零售	HoToKeN	$27,700,000		$6,939,668		25.05%	
新零售	Bitjob	$27,000,000		$325,270		1.20%	
新零售	Bitdegree	$22,500,000		$1,810,511		8.05%	
新零售	BEE–Home sharing	$15,000,000		$1,525,641		10.17%	
新零售	HOQU	$15,000,000		$1,018,638		6.79%	
新零售	Viberate	$10,714,285		$8,043,797		75.08%	
新零售	ELIGMA	$10,056,000	$0.100000		$0.010471		10.47%
新零售	Shping	$6,631,311	$0.000663		$0.000491		74.04%
新零售	KODAKCOIN	$2,000,000					
新零售	Voise	$646,519		$737,328		114.05%	
新零售	LNC	$300,000					
ICO 募資金額總計		$3,495,645,739					

▲ 圖表六：全書 50 則 ICO 個案市值增減調查（依 2018 年 11 月 17 日資料製作）。

資料來源：https://coinmarketcap.com/；https://etherscan.io/；https://icobench.com/。

版權與免責聲明

區塊鏈篇

可避免被監聽的加密即時通訊軟體
Telegram

加密即時通訊平台　有效保障用戶隱私

Telegram 是目前廣受幣圈社群喜愛的通訊軟體。它是一個可跨平台傳送加密訊息的即時通訊軟體。使用者可以相互交換加密與自解密的訊息，傳送相片、影片等所有類型的檔案。由於透過 Telegram 傳遞的加密訊息無法被政府進行網路監聽，少數國家遂封殺並禁止民眾使用該軟體。目前 Telegram 官方提供手機版、電腦版和網頁版等跨平台用戶端，同時也開放應用程式介面，提供第三方用戶端多樣選擇。

代幣小檔案

ICO 代幣名稱：GRAM

ICO 代幣初始價格：1GRAM = 0.1USD

ICO 代幣發行地區：俄羅斯

ICO 代幣銷售開始日：2018 年第 1 季

ICO 代幣銷售結束日：2018 年第 1 季

ICO 代幣募資總額：約 1,700,000,000 美元

ICO 代幣現值（2018.10.17）：未公開銷售

Fusion$360

上網搜尋 Telegram ICO 相關資訊

https://lastmile.fusions360.com/market/detail/3d9acd2ddea0eb8d6d3158e56f5eceb40a66233d

破壞式創新

保障區塊鏈社群通訊隱私的聊天工具

Telegram 是目前比特幣以及區塊鏈社群的主要聊天工具，採用加密聊天方式，充分保障區塊鏈社群通訊的隱私。基於此原因，2017 年俄羅斯聯邦安全局（FSB）以打擊恐怖主義為由，要求 Telegram 提供加密金鑰被拒，因而開出鉅額罰單。截至 2018 年，Telegram 在全球擁有 1.8 億用戶，每天發送 700 億條訊息。同時，在比特幣社區和區塊鏈社群形成之後，Telegram 也成為全球區塊鏈客喜愛使用的社交平台，幾乎每個區塊鏈項目都建有 Telegram 群組，也是開發者的聚集地。

Telegram 是一個功能強大的即時通訊軟體，除了提供加密通訊，還可以設定訊息自動銷毀的期限，充分保障個人或企業通訊的隱私；每個通訊群組可以負荷高達 10 萬名用戶同時通訊。Telegram 可以讓使用者使用網頁、電腦（支援 Windows 及 Mac）、手機（支援 iOS 及 Android）等各種平台來進行訊息交換，並同步設備之間的訊息，支援各種類型檔案的交換，並積極追蹤客戶的回饋。Telegram 也提供 API，讓用戶或第三方自由開發符合自己需求的工具。

Telegram 創辦人保羅・杜洛夫（Pavel Durov）正構想推出一種全新的區塊鏈貨幣，使 Telegram 的 1.8 億用戶自然地轉換為此新貨幣的使用者。藉由 Telegram 本身龐大的用戶群將新貨幣推向主流，讓 Telegram 成為加密貨幣界的霸主。

Telegram 主張擁有自身的加密貨幣能夠讓自有的支付系統保有獨立性，而不被國家或金融機構所掌握。Telegram 的加密貨幣不只能讓使用者保有交易的隱私，也能省去交易的手續費。

Telegram 在底層區塊鏈系統上採用的是可彈性擴充延展的區塊鏈網絡結構，稱為 TON（Telegram Open Network），由一條主鏈（a master chain）和最多 292 條附鏈（accompanying blockchain）所組成，它的目標是每秒處理數

以萬計的交易。而比特幣區塊鏈現在每秒僅處理 7 筆交易，以太坊區塊鏈每秒則處理 15 筆交易。

在技術平台層，TON 技術平台提供了包括儲存、網域名稱、支付、應用程式運行等核心服務。TON 近似一個作業系統，為任何類型的第三方服務提供平台，在相容於去中心化應用程式與智能合約及智能手機界面中運行。

GRAM 代幣生態圈介紹

Telegram 主張區塊鏈和加密貨幣的現存問題是，可用加密貨幣購買的商品與服務相當有限，而且加密貨幣資產的需求大多來自於投資者，而非消費者。而 Telegram 團隊也計劃為上千萬的用戶開發加密貨幣錢包，以及友善介面的豐富體驗、交易所和身分驗證服務，讓用戶可以直接參與加密貨幣交易。Telegram 宣稱其創建的區塊鏈錢包將成為世界上最多人使用的加密貨幣錢包。

Telegram 的解決方案有 3 個層面，包括（1）TON 區塊鏈（TON blockchain）；（2）TON 平台（TON platform）；（3）應用生態圈。但目前以 Telegram 內建的各種服務為主。

Telegram 在加密貨幣方面的發展，有以下的特色：

1. 可建立加密貨幣錢包，用於各類支付、投資、發送紅包、獎勵、購物等。
2. 發行自己的代幣，稱為 GRAM 幣。Telegram 現有的生態圈成為 GRAM 幣的使用場景，用戶可以獲得與使用 GRAM 幣。這等同在社群網路裡發布公開文章可接受獎勵，作者又可把此獎勵拿去發送給他人、購物，或再獎勵他人。

在 Telegram 生態圈中，內部的代幣將因為各種場景應用而發生流動，創造加密貨幣的實用價值與經濟價值。Telegram 希望成為新一代主流的虛擬貨幣。

GRAM 幣被設計應用在以下的場景：

- 支付佣金（gas）給 TON 節點（驗證器）以處理交易與智能合約。
- 作為驗證方存放的權證，握有驗證交易並生成新區塊及代幣的資格。
- 作為資本借貸給驗證人以換取他們的獎勵。
- 投票支持或反對參數變化所需的投票權協議。
- 支付於在平台上建置的應用程式所提供的服務（TON 服務）。

- 支付於以分散方式安全地存儲數據（TON 儲存）。
- 支付於基於區塊鏈的域名（TON DNS）的註冊和 TON 網站（TONWWW）的託管。
- 支付於隱藏身份和 IP 地址（TON 代理）。
- 支付於繞過當地網路服務供應商的審查制度。

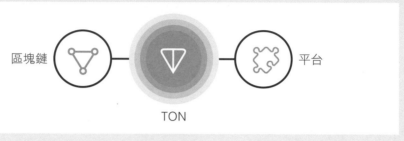

TON

資料來源：官方白皮書。

上網查詢 Telegram ICO（TON）代幣交易歷史：
https://etherscan.io/token/0xb0e92f85510df4c3e19a012376a15ad3fbc6586c

參考資料：https://telegram.org/

加密貨幣　　基礎設施　　網路與通訊　　平台與生態圈

Cryptocurrency　　Infrastructure　　Internet & Telecommunications

Platforms & Ecosystems

分散式的儲存網路
Filecoin

應用區塊鏈　將雲端儲存變為計算力市場

根據統計，2017 年全球所產生的數據，比人類過去 5,000 年所生成數量還多，未來產生新數據的速度肯定越來越快。在企業不斷增建資料中心的同時，全球仍有大量硬碟儲存空間尚未被使用。如何把這些閒置的空間分享予他人，並發揮更大效益？ Filecoin 區塊鏈將實現檔案儲存的共享經濟。

代幣小檔案

ICO 代幣名稱：FIL

ICO 代幣初始價格：1FIL = 0.75USD

ICO 代幣發行地區：美國

ICO 代幣銷售開始日：2017.08.10

ICO 代幣銷售結束日：2017.09.10

ICO 代幣募資總額（簽署 SAFT 協議）：
約 205,000,000 美元

ICO 代幣現值（2018.10.17）：1FIL = 4.94USD

Fusion$360

上網搜尋 Filecoin ICO
相關資訊

https://lastmile.fusions360.com/
market/detail/597f35773055126
a30f3fb36335274357062e8e9

　　每一天在全球各地都會生成大量的新數據，這些數據目前均儲存在全球各地大型的資料中心（data center）裡，如 Goolge 或 Amazon。但使用者將檔案儲存在大型資料中心的風險之一，就是難以確保這份遠端儲存的資料是否安全。除此之外，尚有大量的儲存空間在世界各地的數據中心和硬碟中閒置未被

使用，故 Filecoin 致力透過區塊鏈技術，把雲端儲存變成計算力市場，鼓勵提供儲存空間與執行驗證運算的礦工們來挖礦。

Filecoin 讓共享硬碟礦工賺取代幣

Filecoin 允許任意使用者以儲存空間提供者身分參與分散式儲存網絡。並藉由發行代幣的誘因，把空間提供者和需求者連結在一起，讓願意共享自己硬碟空間的人（礦工）賺取代幣，而儲存檔案在他人硬碟內則須支付代幣作為酬勞。代幣可以儲存在電子錢包中，用以付費使用 Filecoin 的服務，或可拿到交易所兌換成其他加密貨幣或法幣。

破壞式創新

區塊鏈協議把檔案分散世界各地

簡單說，Filecoin 是藉由發行代幣，提供誘因予願意共享自己硬碟空間與執行驗證運算的礦工，進而使其參與整個生態圈。和比特幣一樣，Filecoin 的礦工會為了賺取代幣而競相開採區塊，並透過對客戶提供存儲服務賺取 Filecoin；相對地，客戶則透過 Filecoin 來雇佣礦工分發儲存。Filecoin 會加密文件並將它們分成多個段落，這些不同的檔案會被分送到各儲存空間計算點，所有文件的確切位置都記錄在分配表中的區塊鏈裡。

由於 FileCoin 將檔案建立在星際檔案系統（inter planetary file system, IPFS）中，透過點對點的超媒體協議來處理及傳輸檔案內容，因此，儲存在 IPFS 系統上的檔案，可在全球任何地方被快速安全地獲取。要重新調用這些文件必須要持有該文件的私鑰，而 Filecoin 礦工無法取得私密鑰匙，因而保有足夠安全性。

因 Filecoin 係透過區塊鏈協議把檔案分散到世界各地，對使用者而言，應如何確認資料已完成儲存，隨時得以取用呢？針對此點，Filecoin 使用複製證明（證明數據已被複製礦工的專用存儲器中），以及空間時間證明（證明數據已經在指定的時間內存儲）作為存儲證明。

用代幣鼓勵電腦加密及定期維護

然而，將資料數據儲存在他人的硬碟空間中，該如何確保檔案的安全性，隱私機密資料不會曝光或遭任意修改及刪除？ Filecoin 提出的防偽機制是複製證明（Proof-of-Replication）：透過反覆的驗證複製，電腦每次通過檢查，都可以獲得代幣作為獎勵，鼓勵所有存儲空間提供者都要誠實進行加密及定期維護。

Filecoin 也有更多元的儲存方案可以讓客戶選擇。如果是不常取用但重要的備份文件，就可以選擇距離較遠、傳輸速率較慢的儲存空間；如果是經常取用的影音檔案，可能就得選擇距離較近的硬碟存放，以省下更多儲存成本。

Filecoin 是由備受 P2P 技術領域推崇的 Protocol Labs 團隊所創建，在 Filecoin 中，有 70% 的代幣是分階段釋出作為礦工工作（檔案儲存、找回、運行智能合約）的獎勵。礦工分享越多硬碟空間、提供越快速的儲存服務，就能獲得越多代幣。

FIL 代幣生態圈介紹

Filecoin 主要的價值是藉由發行代幣，提供賺錢的誘因予貢獻儲存空間與執行驗證運算的儲存資源貢獻者（礦工），進而參與整個生態圈。Filecion 用戶儲存檔案數據需要支付 FIL 幣，可以透過向礦工發放 FIL 幣，激勵公眾參與，進而貢獻自己的儲存資源，並藉此增加儲存網路的節點數量，讓整個分散式儲存網路成為巨大的儲存空間。

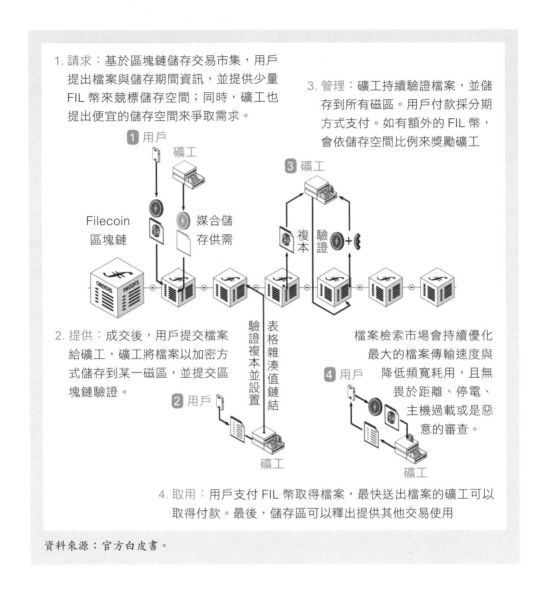

1. 請求：基於區塊鏈儲存交易市集，用戶提出檔案與儲存期間資訊，並提供少量 FIL 幣來競標儲存空間；同時，礦工也提出便宜的儲存空間來爭取需求。

3. 管理：礦工持續驗證檔案，並儲存到所有磁區。用戶付款採分期方式支付。如有額外的 FIL 幣，會依儲存空間比例來獎勵礦工

① 用戶

礦工

Filecoin
區塊鏈

媒合儲存供需

③ 礦工

複本　驗證

2. 提供：成交後，用戶提交檔案給礦工，礦工將檔案以加密方式儲存到某一磁區，並提交區塊鏈驗證。

驗證複本並設置

表格雜湊值鏈結

② 用戶

礦工

檔案檢索市場會持續優化最大的檔案傳輸速度與降低頻寬耗用，且無畏於距離、停電、主機過載或是惡意的審查。

④ 用戶

礦工

4. 取用：用戶支付 FIL 幣取得檔案，最快送出檔案的礦工可以取得付款。最後，儲存區可以釋出提供其他交易使用

資料來源：官方白皮書。

　　Filecoin 平台尚未推出 ICO 的公開銷售，投資者現在實際上並未購買 FIL 幣，而是簽署了未來代幣簡單協議（simple agreement for future tokens, SAFT）與 CoinList 投資媒合的默認協議。

參考資料來源：https://filecoin.io/

https://coinlist.co/filecoin

https://coincentral.com/filecoin-beginners-guide-largest-ever-ico/

資料儲存　　平台

Data Storage　　Platform

國際數位資產交易所
BitoPro

台灣新創獨立貨幣交易中心　劃出國際新指標

BitoPro 透過在各國設立獨立的交易業務或運營中心，讓投資者容易進行法幣與各種加密貨幣（數位資產）之間的交易，甚至提供類似股票交易所的融資融幣服務，搭建數位資產全球化交易與高流動性交易所，搶佔代幣經濟時代的商機。

代幣小檔案

ICO 代幣名稱： BITO
ICO 代幣初始價格： 6,000BITO = 1ETH
ICO 代幣發行地區： 台灣
ICO 代幣銷售開始日： 2018.05.02
ICO 代幣銷售結束日： 2018.05.31（2018.05.03 即售完）
ICO 代幣募資總額： 約 20,000,000 美元
ICO 代幣現值（2018.10.17）： 未公開銷售

投資者注意，不是所有的區塊鏈交易所平台都可以使用法定貨幣！目前世界各國對於加密貨幣的金融監管態度與法規不盡相同，加上嚴格防範跨國洗錢，一般人想以法幣儲值方式進行投資的困難度越來越高、各交易所出入金的門檻也之上升。

台灣的區塊鏈新創指標公司 BitoEx

隨著代幣經濟時代的來臨，各加密貨幣交易所推出的平台幣也變得越來越搶手，BitoEx 自其運營經驗中看見了現行加密貨幣交易所面臨的困境與挑戰，除了本身必須具備用戶基礎、區塊鏈技術、資安防禦、運營能力等關鍵經驗之外，還有法幣儲值的困難度漸增、各交易所出入金門檻高、數位資產搬磚風險高、代幣發售項目失敗比率高、資安防禦及技術架構經驗不足及用戶體驗不友善等困難。

為此，BitoEx 推出一個面向全球投資用戶的國際數位資產交易所 BitoPro，希望成為世界級的區塊鏈資產交易平台，降低各地用戶的交易門檻與投資風險。在合乎各國法規的範圍內，涵蓋法幣交易、幣幣交易、融資融幣、槓桿交易等多元的加密貨幣與衍生性數位金融商品交易業務，並進一步提供進階的數位資產組合管理功能、圖表風險管控工具以及全平台客戶端支持，以滿足投資用戶個人化的交易需求。

BitoPro 獨創「TTCode」功能，並申請專利，其原理是將一定價值的虛擬通貨轉換成一組代碼（即 TTCode），方便會員間流通使用。這組 TTCode 可以在 BitoPro 上兌換等值虛擬通貨，使交易更有保障。TTCode 綁定帳號，即使將序號提供給他人，除指定帳號使用者外，均無法兌換；而產生或兌換 TTcode 的手續費，僅能以 BITO 幣支付。此外，TTCode 也支援規模比交易所更大的場外交易市場（OTC）。OTC 詐騙充斥，透過此機制，即可保障交易安全，或結合其他功能和商業模式，滿足虛擬通貨在各種應用場景的交易需求。

BitoPro 打造數位資產全球化交易所

BitoPro 致力搭建數位資產全球化交易，以及高流動性的交易所。在交易所內，除了法幣交易及幣幣交易，BitoPro 也計劃提供有融資融幣需求的投資

用戶進行槓桿交易服務，有閒置資產的用戶可利用交易所內 P2P 放貸服務收取利息，用戶亦可利用 P2P 借貸服務進行槓桿交易以獲取倍數獲利；而槓桿倍數的大小，將由 BitoPro 依照不同的加密貨幣商品來決定。

　　BitoPro 技術團隊將利用歷史數據與交易軌跡，使用大數據技術分析結合用戶承受風險的程度，推出數位資產組合交易功能，用戶購買數位資產投資組合不須花太多負擔即享有全面數位資產組合配置，也不須花費太多時間解讀市場。

四大特點　搶佔代幣經濟時代的巨大商機

　　BitoPro 交易所具備四個特點，包括：

1. **各國獨立運營的法幣交易深度**：規劃在各國設立獨立的交易業務或運營中心負責用戶管理、資產託管、交易撮合、資產清算、履約擔保等功能，BitoPro 各國運營中心均有獨立的交易深度與法幣儲值管道，使投資用戶快速方便地實現法幣交易收益。

2. **低風險的全球套利交易**：投資用戶可快速切換到 BitoPro 不同國家運營中心進行交易，並可在各國運營中心內透過特有的檢驗碼 TT Code 儲值與提領當地法幣，以解決交易時間差、KYC 認證及法幣提領等門檻問題。

3. **完善的代幣發售項目行銷服務**：BitoPro 計劃利用豐富的市場經驗與直覺，來滿足新創代幣行銷需求，提供包括商業模式諮詢、市場行銷推廣、加密代幣上架等諮詢服務，可改善代幣發售項目的市場能見度與流通性問題。

4. **BitoPro 平台的主要獲利來源為手續費**：包括交易手續費、融資融幣交易手續費、提領手續費，以及 TT Code 手續費。平台也會不定期上架優質代幣作為交易標的，並向代幣發售團隊收取一定數額的上架費。

BITO 代幣生態圈介紹

BitoPro Coin 是由 BitoPro 發行的平台幣，簡稱 BITO 幣，只能用以太幣購買。持有 BITO 幣的投資用戶於平台上進行的各項數位資產交易，在交易與提領手續費上均享有折扣。同時，在符合各國法規之範圍內，投資用戶在 BitoPro 各國運營中心可支付 BITO 幣產生 TT Code 來提領當地法幣。至於代幣發售方面，則可用 BITO 幣來支付代幣發售相關費用，包括行銷、認購、上架、空投等服務。

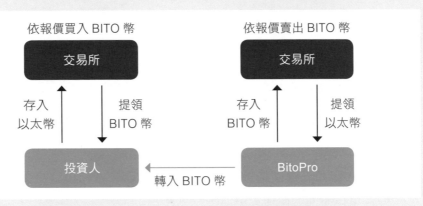

資料來源：官方白皮書。

BitoPro 具有回購機制，每季度均提出當季利潤的 20% 作為 BITO 幣回購之用，並直接將購回代幣銷毀，直至銷毀總量達 2.5 億個 BITO 幣為止。而行銷推廣獎勵計畫，則提出 4% 推薦認購總額作為獎勵回饋給推薦者。

上網搜尋 BITO 代幣交易歷史：

https://etherscan.io/address/0x1a9eb0f43ab4d9ffef9908b4d2c4b7f400ce3b3c

參考資料來源：https://www.bitopro.com/

https://ito.bitopro.com

平台　貨幣交易所

Platform　Cryptocurrency Exchange

以區塊鏈實現分散式公開金鑰基礎建設協議
REMME

全球社群網站、線上平台個資外洩等事件時有所聞,會員集中式的線上登入系統,到底安不安全? 在數位時代,進行任何網路交易都需密碼。但是任何人都可透過電腦鍵入數據,以獲取授權登入,或是透過簡單猜測或進行暴力破解,因此一旦駭客成功竊取密碼,都將引發資訊被竊取與竄改的危機。

代幣小檔案

ICO 代幣名稱:REM
ICO 代幣初始價格:1REM = 0.04USD
ICO 代幣發行地區:英屬維京群島
ICO 代幣銷售開始日:2018.2.13
ICO 代幣銷售結束日:2018.2.22
ICO 代幣募資總額:約 20,000,000 美元
ICO 代幣現值(2018.10.17):約 4,200,825 美元

Fusion$360

上網搜尋 REMME ICO
相關資訊
https://lastmile.fusions360.com/
market/detail/9a902355f989fe3
cfa5957b8fdb275e8a9295b07

以比特幣地址與 PKI 證書做交易識別確認

　　用戶驗證時除須提供正確密碼之外,還須向資源方提供特定用戶數據才能通過。但這種雙因子認證方式,卻成為駭客或第三方密碼盜用的灰色地帶。區塊鏈技術為比特幣和以太幣等加密貨幣提供安全的交易方式,在身份認證上,填補了傳統集中認證的缺口。

公開金鑰基礎建設（PKI）原理是使用公鑰憑證內的公鑰資訊加密給對方。解密時，每個使用者使用自己的私密金鑰解密，進行不可否認及消息完整的認證確認程序。彼此之間不用預先交換任何祕密資訊。

結合公鑰與私鑰，強化使用者資訊加密安全

目前此運作模式，是由第三方證書頒發機構（CA）提供 PKI，負責發布、撤銷和存儲密鑰。REMME 是一個應用分散式 PKI 和一系列去中心化應用程式（Decentralized Appications, DAPPs），致力於提高數位身份認證安全的去中心化平台。換句話說，REMME 係透過整合比特幣地址（公鑰）與 PKI 證書，加上數位簽章的整合來解決密碼盜用問題，創造了一組無密碼組合工具，保護用戶個人或用戶企業免受網路攻擊。

REMME 設計了一個基於超級帳本（Hyperledger）的 Sawtooth 區塊鏈和共識運算法來執行 PKI 程序，包含：

1. 證書頒發機構（CA）發行 SSL 或 TLS 證書。
2. 註冊機構（RA）接受 SSL 或 TLS 證書申請並對該實體進行身份驗證請求。
3. 驗證機構（VA）負責驗證 SSL 或 TLS 證書的有效性。

REMME 運用區塊鏈分散式技術取代了集中式的 PKI 系統。該協議主要提供兩大功能——SSL 或 TLS 證書及證明取消管理。每個證書將會儲存由 REMME 標準，以及證書持有人之比特幣地址所組成的數位簽名字串，當證書數據可用於形成上述字串後，用來驗證給定的比特幣地址是否與數位簽名字串相吻合。

公開金鑰基礎建設系統支持公鑰的創建、分發和辨識，讓用戶和系統雙方都能夠在去除第三方中心的環境下安全地交換數據。而 SSL 或 TLS 證書的取消管理，則是指每個證書都會與某個比特幣交易的匯出綁定，當此匯出額度被使用時，證書將自動無效化。

REMME 的優勢是不需要可能受到威脅之第三方集中式數據庫的認證及密碼中心，開源軟體作法也使得 REMME 生態圈不受技術鎖定和 API 限制，使去中心化應用程式可以與現有系統輕鬆整合，在面對不同的 CA 認證及憑證時也不會收取額外費用。此外，REMME 係透過發行 REM 功能代幣，用來支付 PKI 證書創建、撤銷與傳輸等相關費用。

REM 代幣生態圈介紹

REM 幣是用來完成 REMME 生態系統內所有內部操作的一種功能代幣，包括初始證書創建服務、證書撤銷服務、REMME 區塊鏈上用戶之間 REM 幣的傳輸費用，以及跨區塊鏈代幣傳輸費用等。

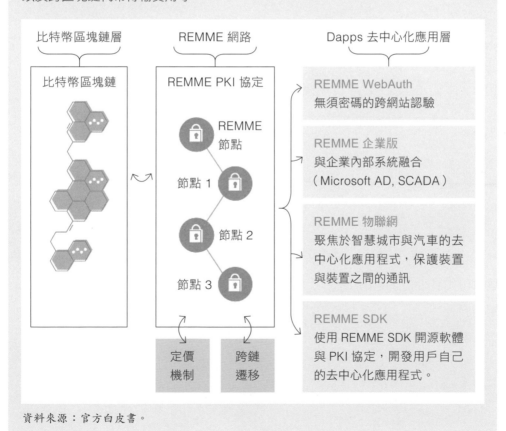

資料來源：官方白皮書。

上網搜尋 REM 代幣交易歷史：

https://etherscan.io/token/0x83984d6142934bb535793a82adb0a46ef
0f66b6d

參考資料來源：https://REMME.io/

互聯網	平台	軟體	商業服務
Internet	Platform	Software	Business Service

區塊鏈資產交易平台
BINANCE

結合數位科技與金融 打造安全交易平台

BINANCE 是由「Binary」和「Finance」二詞融合變形而來，意為數位科技與金融的融合，目的是提供一個安全、公平、開放的區塊鏈資產交易平台。比特幣以及數位或加密貨幣所帶來的巨浪，讓市場及金融人士看到區塊鏈蘊藏著極大的發展潛力。各國對區塊鏈資產的態度，也從保守禁止轉向認可，不少國家均推動立法支持區塊鏈的發展。區塊鏈資產化是未來的發展趨勢，金融產業也積極透過區塊鏈技術發展創新商品。

> ### 代幣小檔案
>
> **ICO 代幣名稱**：BNB
> **ICO 代幣初始價格**：1BNB = 0.1USD
> **ICO 代幣發行地區**：中國
> **ICO 代幣銷售開始日**：2017.06.24
> **ICO 代幣銷售結束日**：2017.07.06
> **ICO 代幣募資總額**：約 15,000,000 美元
> **ICO 代幣現值（2018.10.17）**：約 1,169,972,786 美元

Fusion$360

上網搜尋 BINANCE ICO 相關資訊
https://lastmile.fusions360.com/market/detail/7674f511933e41fbd44230bd2ee61287e0eb462a

　　BINANCE 指出，當前的區塊鏈資產交易市場尚未成熟，許多交易平台的技術架構均非常簡單——業者把各種功能拼湊在一起，搭建成一個交易平台，產品的體驗不夠創新。更重要的是，目前許多交易平台的安全機制不夠健全，各種各樣的攻擊仍舊每天都在發生，這些安全疑慮成為投資人最大的障礙。

　　區塊鏈本質是去中心化，和金融機構不同，更需要高度的信任機制。區塊鏈技術的發展關鍵，就是要通過去中心化解決信任問題；然而，當前的交易平台仍普遍存在信任不足的問題。另外，交易平台須支援多種幣種，而目前市場上少有支持多國語言的平台，大部分只有支持英文，對非英語國家的用戶帶來相當大的門檻。對此，BINANCE 應運而生。

破壞式創新

安全、便捷的區塊鏈資產兌換服務

　　BINANCE 以公平、開放、有規則的服務平台，打造高性能、多語言、多幣種、多平台的客戶端，為用戶提供更加安全、便捷的區塊鏈資產兌換服務，集結全球優質區塊鏈資產，打造世界級的區塊鏈資產交易平台。

　　BINANCE 交易平台是由創始人趙長鵬所領導的一群數字資產愛好者，共同成立的區塊鏈資產交易平台。BINANCE 團隊從 ICO 籌備到完成，短短 16 天就眾籌到相當於 1,500 萬美元的數字資產。目前 BINANCE 的收入及利潤主要來自平台用戶交易時支付的手續費，近日代幣總值已高達 28 億美元。

　　交易所的關鍵在於系統的穩定度跟服務。BINANCEBINANCE 交易平台撮合速度號稱達業界頂級標準，在全記憶體高性能模式下，媒合速度能達到每秒 140 萬筆交易的運作。該系統在其他同類交易所已有豐富的成功應用經驗，可支持同時在線用戶數量超過 2,000 萬的交易所流暢且穩定地運行。BINANCE 採用先進的多層、多集群的系統架構。安全穩定，不管在功能部署及版本更新時，都不須停機進行，充分保障終端用戶的操作體驗。

　　BINANCE 現階段支持現貨交易模式，下一階段則將為投資者提供線上槓桿交易及期貨交易。當平台流動性達到一定級別後，BINANCE 會引入類似交易所的匿名交易功能，進而建立去中心化的交易平台，並由 BINANCE 自己的交易平台保證其流動性。現貨交易、槓桿交易、期貨交易、匿名即時交易到去

中心化鏈上交易，透過區塊鏈技術在公平、公正和安全的條件下讓資產上鏈，在價值交換中進行流通。

目前，BINANCE支持比特幣、以太幣、萊特幣以及自家發行的BNB幣等幣種，未來也會逐步上線其他優質幣種；但平台不支持法定貨幣，例如美元、人民幣、日元、韓圜等。BINANCE豐富的資源和眾多的合作夥伴，已和國際上多家礦廠、投資基金、交易大戶達成共識，協議將交易轉移至BINANCE進行，提高流動性。

BINANCE要做世界級的區塊鏈交易平台，現階段除中英文，也來將逐步支援日、韓等其他語言，同時對全平台客戶端提包括WEB端瀏覽器、Android客戶端、IOS客戶端、HTML5移動端瀏覽器、PC客戶端、微信端提供全面支持。

BNB 代幣生態圈介紹

BINANCE平台所推行的代幣為BINANCE Coin，簡稱為BNB幣。發行總量恆定為2億個，而ICO公開發行比例為50%，40%為團隊持有，10%用於天使輪融資。BNB幣為BINANCE平台的燃料，需要用BNB幣才能使用平台。

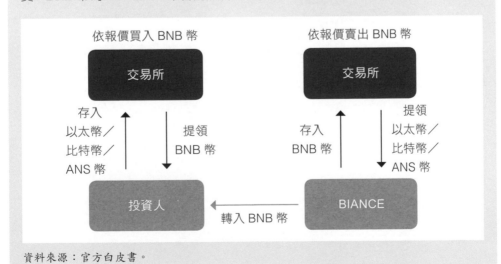

資料來源：官方白皮書。

在 BINANCE 平台中，無論進行何種代幣的交易，在須支付交易手續費時，如持有足額 BNB 幣，系統會為其所須支付的手續費提供折扣，並按當時市值折算等值的 BNB 幣數量，使用 BNB 幣完成手續費的支付。BNB 幣具有回購機制，每季度使用當季利潤的 20% 進行 BNB 幣回購並直接銷毀，直至銷毀總量為 1 億個 BNC 幣為止。

上網搜尋 BNB 代幣交易歷史：

https://etherscan.io/token/0xB8c77482e45F1F44dE1745F52C74426 C631bDD52

參考資料來源：https://www.BINANCE.com/

平台　加密貨幣　金融服務

Platform　Cryptocurrency　Financial Services

區塊鏈商業魔法
DRAGONCHAIN

區塊鏈育成平台　串聯鏈上資源加速小型計畫成長

區塊鏈議題火熱，不少初創企業都想參與這個商機。如同育成中心，區塊鏈中也有培育 ICO 專案的商業平台，提供 ICO 的專案孵化器以及交易市集。DRAGONCHAIN 允許尚在籌備中的小型計畫使用其現有的平台設備及資源，以達新創區塊鏈團隊的育成目的。

代幣小檔案

ICO 代幣名稱：DRGN

ICO 代幣初始價格：1DRGN = 0.066USD

ICO 代幣發行地區：美國

ICO 代幣銷售開始日：2017.10.02

ICO 代幣銷售結束日：2017.11.02

ICO 代幣募資總額：約 13,700,000 美元

ICO 代幣現值（2018.10.17）：約 45,578,953 美元

Fusion$360

上網搜尋 DRAGONCHAIN ICO 相關資訊

https://lastmile.fusions360.com/market/detail/f2f734766d539d0555fd65f7119245d2cd9b06d2

打造區塊鏈應用育成發展環境

　　DRAGONCHAIN 藉由區塊鏈技術，讓使用者可以進行代幣交易與培育 ICO 專案項目，並透過其發行代幣 DRGN 幣連結彼此的關聯性，旨在打造一個更快速又安全的區塊鏈應用程式發展基礎平台。市面上各種風行的程式語言，例如 Java、Python 等都可以用於開發區塊鏈的應用，不僅如此，

DRAGONCHAIN 也希望能提供一條龍式的專案孵化器及交易市集，讓區塊鏈應用專案均可藉此平台，獲取在法律、技術、行銷和商業等專業領域的顧問合作，並尋求建議與支持。此外，DRAGONCHAIN 創新的代幣睡眠分數，鼓勵投資人長期持有代幣，以獎勵與促進各種區塊鏈創新應用的發展。

在開發技術上，DRAGONCHAIN 為區塊鏈應用程式開發人員簡化了業務上的開發過程，讓他們能在維護現有語言開發環境，例如 Java、Python、Node、C#、Go 的同時，也可以快速又安全地架設區塊鏈應用程式，大幅降低開發成本。

DRGN 互動貨幣　串聯 DRAGONCHAIN 生態圈

DRAGONCHAIN 提供一項創新功能，它允許籌劃中的小型區塊鏈計畫使用平台上現有的基礎設施及資源，以加速計畫的運作，甚至讓計畫團隊利用 DRGN 幣來獲得與法律、技術、行銷和商業等專業領域的顧問直接合作。

破壞式創新

網路辨識專案篩選機制　取得信任

為解決區塊鏈平台上的安全問題，DRAGONCHAIN 在傳統的區塊鏈模型上設計 5 個網路辨識專案級別的篩選機制。生態圈的用戶可以藉由 5 個網路辨識級別來決定是否完成交易，以提高數據用戶的信任度。而隨著每一個網路辨識級別的驗證水平提高，安全性也會隨之增加，風險也相對降低。在未來，這項機制可能讓區塊鏈上交易風險的量化得以實現。

DRAGONCHAIN 還提供專案培育及專業服務給戰略合作夥伴，以開發專注於長期價值的成功代幣化生態系統。DRAGONCHAIN 的用戶將可以根據他們的 DRAGONCHAIN 睡眠分數的高低，率先取得加入專案的 ICO 發行權利，並獲取折扣。其中，睡眠分數的高低是通過擁有 DRGN 幣的數量乘上持

有時間長度計算而得。這些在 DRAGONCHAIN 平台所培育的 ICO 專案，將可於自身功能開發完成前，在其平台上順利運行。

　　另一方面，DRGN 幣的持有者也會受其睡眠分數計算方式的激勵，進而增加長期持有 DRGN 幣的意願。睡眠分數越高，持有者就能越早使用專案孵化器，獲得的折扣也越大，屆時可分配得到的獲益也就越高。

　　DRAGONCHAIN 是一個分散式的交易所，在這個平台上，無論是智能合約或其他與行銷、法律、軟體開發及人才招聘相關服務，都可以利用 DRGN 幣在平台上交換取得。

DRGN 代幣生態圈介紹

DRGN 幣是用來連結平台、專案孵化器及交易市集三者間不可或缺的互動貨幣，並藉此串聯整合出 DRAGONCHAIN 生態圈，其中，DRGN 創造的主要使用價值有 3 項：

1. 與 DRAGONCHAIN 平台互動，以啟動節點、創造智能合約等。
2. 以 DRGN 幣作為獎勵，發放予有助維護及改善 DRAGONCHAIN 創建組織開源代碼功能的開發人員。
3. DRGN 幣的持有者持有者將獲得由 DragonFund 專案孵化器所培育之專案的預售權。

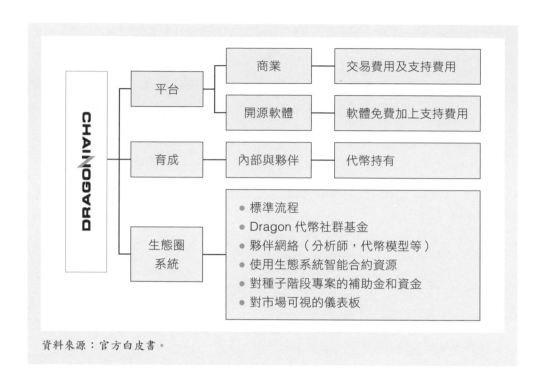

資料來源：官方白皮書。

 上網搜尋 DRGN 代幣交易歷史：

https://etherscan.io/address/0x419c4db4b9e25d6db2ad9691ccb832c8
d9fda05e

參考資料來源：https://dragonchain.com

商業服務　　平台

Business　　Platform

全球首間零手續費的虛擬貨幣交易所
COBINHOOD

隨著區塊鏈技術的快速發展，越來越多投資人從傳統金融貨幣市場轉戰區塊鏈虛擬貨幣市場。2017 年是虛擬貨幣交易量爆發的一年，從 1 月到 7 月，短短半年間，全球虛擬貨幣市場總額從 70 億美元成長至 1,100 億美元。全球虛擬貨幣總交易額也在 2017 年 8 月時超過了股票市場交易額。

代幣小檔案

ICO 代幣名稱：COB
ICO 代幣初始價格：1COB = 0.07USD
ICO 代幣發行地區：台灣
ICO 代幣銷售開始日：2017.09.13
ICO 代幣銷售結束日：2017.10.22
ICO 代幣募資總額：約 13,200,000 美元
ICO 代幣現值（2018.10.17）：約 9,903,553 美元

Fusion$360

上網搜尋 CONBINHOOD
ICO 相關資訊：

https://lastmile.fusions360.com/
market/detail/63098e57bb0b35e
e3915f3af875202db2eff5016

　　現有的虛擬貨幣交易平台常須收取高額的交易手續費，在全球前 30 大虛擬貨幣交易平台上，每筆交易中，買賣雙方平均都會被收取 0.2% 的手續費，大幅侵蝕投資人的利潤。每日交易平台上大量的資金流通，也很容易成為駭客的目標，投資人的資產安全堪憂。

　　COBINHOOD 是一個虛擬貨幣服務平台，2017 年 8 月成立，是全球首間零手續費的虛擬貨幣交易所。COBINHOOD 主要除提供投資人零手續費的虛擬貨幣交易服務，也為企業提供 ICO 的承銷服務，解決虛擬貨幣 ICO 後流動

性不足的問題。此外，COBINHOOD 也利用線下電子錢包保護系統和雙重登入驗證系統，保障投資人的資產安全。

目前虛擬貨幣交易平台面臨的挑戰，就是一旦突然湧入高流量的交易可能會造成交易系統無預警的停擺，投資人將被迫暫停交易並蒙受損失；另外，如果公司 ICO 後沒辦法讓虛擬貨幣立即上架到交易平台，也容易出現代幣流動性不足的問題，造成價值損失。

破壞式創新

零手續費的虛擬貨幣交易所

COBINHOOD 為解決交易系統停擺，以及代幣因流動性不足而造成價值損失的二大技術問題，創造全球第一個零交易手續費的虛擬貨幣交易所，平台支援超過 10 種語言，未來也將支援多種不同的法定貨幣兌換。

目前 COBINHOOD 支援百餘種來自世界各地的虛擬貨幣交易，投資人能最大化其投資報酬。COBINHOOD 更應用分散式訂單撮合引擎，以維持穩定的高頻交易。

因不收取任何手續費，COBINHOOD 的主要盈利模式係來自 ICO 顧問服務。COBINHOOD 會對申請 ICO 承銷的公司進行嚴謹的財務、法規、智能合約等層面的審核，以確保該 ICO 的投資價值。通過其 ICO Spark Program ™ 服務方案審核的公司可以向平台購買 ICO 承銷服務，讓自家的虛擬代幣於 COBINHOOD 交易平台上架，以解決虛擬貨幣經過 ICO 後流動性不足問題。

同時，COBINHOOD 也推出付費的 Premium 會員版本，Premium 會員可享有更高的融資槓桿率及更寬鬆的 API 次數限制。針對投資銀行、避險基金及機構投資人，COBINHOOD 則提供付費的高頻交易服務。

目前在市場上虛擬貨幣交易所多存在交易手續費過高和使用介面不友善的

問題，而 ICO 則是詐騙橫行，多數虛擬貨幣均缺乏流通性。COBINHOOD 不僅解決各大虛擬貨幣交易所手續費過高的問題，更運用電子錢包保護系統及分散式訂單撮合引擎，創造一個更穩定、對資產更有保障的虛擬貨幣交易平台。

COB 代幣生態圈介紹

COB 幣生態圈包含平台、ICO 公司以及投資人等角色。投資人若欲使用平台上的 Premium 會員服務或是高頻交易服務，則須用 COB 幣支付年費。投資人可以成為其他投資人的融資融券資金提供者，並獲得利息報酬。COBINHOOD 會對融資融券的利息中抽取部分費用作為手續費，購買 ICO 承銷以及虛擬貨幣上架服務的公司，則須以 COB 幣支付費用給 COBINHOOD 平台。

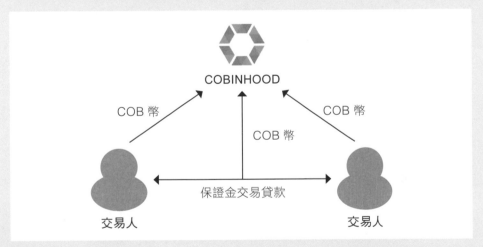

資料來源：官方白皮書。

上網搜尋 COB 代幣交易歷史：

https://etherscan.io/token/0xb2f7eb1f2c37645be61d73953035360e76
8d81e6

參考資料來源：https://www.cobinhood.com/home

虛擬貨幣	平台

Cryptocurrency	Platform

新金融篇

企業區塊鏈金融證券平台
POLYMATH

隨著 ICO 可募得的虛擬幣代幣種類與價值不斷攀升，各產業都積極發展區塊鏈，其在金融交易市場角色日益吃重，全球數千萬計的投資金流當然不會錯過這股趨勢。但如何跨越傳統金融安全地擁抱虛擬貨幣？ POLYMATH 平台為全球企業提供進入區塊鏈門檻的橋梁。

代幣小檔案

ICO 代幣名稱：POLY
ICO 代幣初始價格：1POLY = 0.4USD
ICO 代幣發行地區：美國
ICO 代幣銷售開始日：2018.03.01
ICO 代幣銷售結束日：2018.05.01
ICO 代幣募資總額：約 400,000,000 美元
ICO 代幣現值（2018.10.17）：約 57,557,673 美元

Fusion$360

上網搜尋 POLYMATH ICO 相關資訊

https://lastmile.fusions360.com/market/dctail/1a965e399349677ad17000fa60715c313b955eb3

　　POLYMATH 是以區塊鏈為基礎，發行虛擬貨幣並進行證券交易的平台，透過區塊鏈的技術提供資金供給者與需求者，整合股票、基金、風險資金、個人資產機構平台，在區塊鏈的架構下，以更公平、便利流動與安全的方式整合取代傳統金融服務模式。在 POLYMATH 平台上，公司股票或債券發行者可以透過 createNewSecurityToken 功能發起以 ST20 加密貨幣為單位的創業投資，幫助建立以太坊區塊鏈，發行者不必自行研究加密貨幣的技術，更降低進入加密貨幣世界的門檻。

認證機制確保發行方與投資方安全的身分

投資人可在平台上的初級市場上投資，或是在次級市場上交易發行人的加密貨幣證券。為了確保平台投資的風險，發行人和投資人都需要透過 KYC 進行身分驗證。透過區塊鏈技術和 KYC 機構，POLYMATH 解決了傳統證券市場效率不佳與安全的疑慮，提供公司透過加密貨幣募集資金的管道。

全球證券市場三個主要產品，分別是股票、債券及衍生性金融商品。在 2016 年，這三樣產品的市值分別為 67 兆美元、99 兆美元與 1,200 兆美元。在 2016 年，在初階市場，ICO 證券首次發行的累積額度達到 8,000 億美元，發行手續費大概佔了 5 至 10%。第二階市場，股票交易額為 84 兆美元，債券交易額為 16 兆美元，累積交易手續費估計至少有 2,500 億美元。

在傳統證券交易市場中，投資方必須提出足夠的信用證據來證明有資金可以進行交割，當一方拿出現金，而另一方拿不出對應的證券時，市場上就發生了很嚴重的效率缺失。為避免違約風險，一般證券市場會以金融機構作為中介；現在透過區塊鏈技術，可提供可靠的資訊數據，以用更低的成本強化安全，也避免違約風險。

然而，當公司有意發行虛擬貨幣的有價證券時，若要自行研發建立自身的虛擬貨幣系統，是十分耗時費力的。此外，在虛擬貨幣公開發行的市場中，亦有許多不肖廠商募集了資金，卻沒有真正在經營運作。POLYMATH 平台，可解決投資人這些方面的問題。

破壞式創新

免開發模板創建區塊鏈　降低進入門檻

POLYMATH 為企業創造一個用虛擬貨幣募集資金的平台，讓企業能用平台上的模板有效率地創建區塊鏈，輕鬆建立服務募資。POLYMATH 也為投資

者提供用虛擬貨幣投資不同公司的平台。此外,為降低平台上的投資風險,POLYMATH 在募資者及投資者參加 STO(證券化虛擬貨幣發行)前,對參加者身分、住所等資訊進行審核,以確保投資來源的正當性。

POLY 代幣生態圈介紹

　　POLY 生態系統包含平台、(股票或債券的)發行人、投資人、KYC 提供者和開發者等角色。當開發者創造一個新的 ST20 加密貨幣募集資金時,開發者會立即收到通知,並用事件記錄系統建立在以太坊上。發行人須對開發者的服務,以 POLY 幣進行付款。交易進行前,發行人及投資人均須向 KYC 提供人用 POLY 幣購買建立身份驗證的服務。投資人可以選擇透過 POLY 幣或是以太幣進行初級市場和次級市場上的證券投資。此外,發行人、開發者以及 KYC 提供者,均須對 POLYMATH 平台提供的服務支付 POLY 幣。

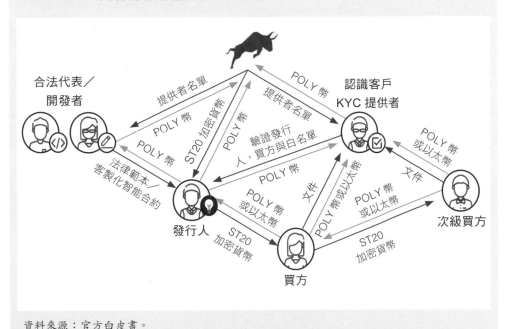

資料來源:官方白皮書。

上網搜尋 POLY 智能合約與代幣交易歷史：

https://etherscan.io/address/0x9992ec3cf6a55b00978cddf2b27bc688

2d88d1ec

參考資料來源：https://www.Polymath.network/

平台

Platform

區塊鏈世界的數位銀行
BANKERA

提高安全性、降低成本的新金融模式

金融科技的興起，正在快速改寫金融服務樣貌。過去我們透過銀行理財專員操作各項投資，但現在利用電腦及手機 APP 就能直接下單，系統可能還會幫忙蒐集市場資訊，自動給予投資建議，透過指紋、電子簽章完成大筆投資交易。但不少金融科技新創公司雖火紅一段時日，最終卻難以與傳統金融業競爭，進而擴展經濟規模。此時，改用去中心化的區塊鏈架構來開發網路銀行與新世代金融，將可能在人力節省、成本降低、服務效率提升與客戶取得上，找到勝出的機會。

代幣小檔案

ICO 代幣名稱：BNK

ICO 代幣初始價格：1BNK = 0.017EUR

ICO 代幣發行地區：立陶宛

ICO 代幣銷售開始日： 2017.11.27

ICO 代幣銷售結束日：2018.02.27

ICO 代幣募資總額：約 150,949,194 美元

ICO 代幣現值（2018.10.17）：

1BNK = 0.003389USD

Fusion$360

上網搜尋 BANKERA ICO 相關資訊

https://lastmile.fusions360.com/market/detail/8634e879ce3aea829d76f6cfd7331a1d9652b19d

區塊鏈支付的特點，其一是具高效率性，去中心化架構後，可通過區塊鏈技術，將支付時間縮減至秒級，大幅節省時間，消費者「秒付」的每筆交易金額，都會零時差地加密記錄於後端區塊鏈系統中。其二則是不可竄改性，所有紀錄均清楚詳實，且不可修改。因此，當透過區塊鏈設立的網路銀行利用去中心化技術配置全球資源時，就能以更低成本、更高效率達到一定的市場規模。

為擴大市場規模，BANKERA 將傳統銀行的服務科技化，改以區塊鏈的形式提供虛擬貨幣的電子皮夾、現金卡、支付平台等，使消費者可以電子化方式儲存各類虛擬貨幣。BANKERA 其實就像是區塊鏈世界中的傳統銀行，可為投資虛擬貨幣的客戶設計一站式的網路銀行服務。

此外，BANKERA 也提供支付平台的服務，使企業在付費平台的設置上能更為便利。2018 年第 2 季，BANKERA 更推出虛擬貨幣交易平台，提供便利的虛擬貨幣兌換服務，吸引消費者加入。同時，BANKERA 也提供投資者高流動性、低成本的限價委託書。

破壞式創新

線上一站式低成本科技金融服務

金融業一直是各國經濟發展的指標性產業。但傳統金融業受法規管制嚴格，創新速度緩慢，服務手續繁雜、收費細項眾多。因此近年來，許多新創公司都爭相推出金融科技服務，以快速、低成本的服務，吸引科技化程度較高的消費客群。但一般金融科技公司提供服務侷限在特定的一、兩項服務，面對固定客群，即會產生客群不足，無法達到規模經濟的問題。

BANKERA 是在區塊鏈時代下，以科技手段降低成本的網路銀行，並提供線上一站式金融服務。BANKERA 的核心價值除了資本與資訊技術之外，也相當遵守法規的要求。BANKERA 目前正積極取得金融業法規認可。除了目

前已取得歐盟的支付機構執照（PI）外，未來目標是取得歐盟銀行執照，讓網路銀行更完備。

邁入區塊鏈 2.0 時代，BANKERA 以涵蓋傳統銀行的全方位功能，推出專為虛擬貨幣客戶設計的網路銀行服務，不僅克服傳統銀行缺乏數位化的問題，也解決金融科技新創公司市場規模不足問題。未來，BANKERA 預計在區塊鏈的環境下擴大規模，同時吸引傳統銀行與對新科技有興趣的潛力客群。

BNK 代幣生態圈介紹

BNK 生態系統包含 BANKERA 平台和消費者兩種角色。消費者可透過 BNK 幣購買 Spectrocoin 平台上提供的電子支付、貨幣兌換、現金卡及其他銀行等相關服務，而 BANKERA 會對交易收取手續費。每週，BANKERA 均會將收取續費的 20% 會依據持有 BNK 幣比例，以智能合約的方式返還至投資者手中。

資料來源：官方白皮書。

上網搜尋 BNK 代幣交易歷史：

https://etherscan.io/token/0x3884eb0ae2a04bce65b5b0ca9c1bd069cb

d52c66

參考資料來源：https://Bankera.com/

銀行

Banking

以區塊鏈為基礎的金融資產投資平台
ANKORUS

證券代幣化與 OTC 店頭市場

股票、期貨、債券各種金融資產或金融證券化商品等，都可以用虛擬貨幣來買賣？以區塊鏈及虛擬貨幣技術，可以在去中心化的信任基礎上，交易金融商品，消除傳統銀行、證券業的資產投資系統高佣金、效率低等問題。

代幣小檔案

ICO 代幣名稱：ANK
ICO 代幣初始價格：600ANK = 1ETH
ICO 代幣發行地區：英國
ICO 代幣銷售開始日：2017.11.25
ICO 代幣銷售結束日：2017.12.25
ICO 代幣募資總額：約 58,919,000 美元
ICO 代幣現值（2018.10.17）：未公開銷售

Fusion$360

上網搜尋 ANKORUS ICO 相關資訊

https://lastmile.fusions360.com/
market/detail/c1a22e9235aa841
ddb1e964faa8c509320cb8186

ANKORUS 解決高佣金低效率問題

　　區塊鏈技術加上智能合約，可以讓結算系統以倍速發展。例如，美國那斯達克交易所（Nasdaq）採用區塊鏈科技巨頭 Chain 的技術，建立首個區塊鏈平台 Linq，用於一級市場的股權交易管理。澳洲證券交易所（ASX）則引入數字資產控股（DAH），幫助自身建立區塊鏈清算體系，以替代現有體系

CHESS。這些案例均說明了用區塊鏈和虛擬貨幣的技術逐漸去中心化，開始完成資產數字轉移。

　　ANKORUS 是一個讓投資人以虛擬貨幣購買各類金融資產的交易平台。ANKORUS 所發行的 ANK 幣是以有價證券價值作為基礎的虛擬貨幣，利用區塊鏈及虛擬貨幣，ANKORUS 可提供有效率、零摩擦的金融證券資產交易服務予投資人，使投資人得以避開金融法規管制障礙，投資各國金融資產。

ANKORUS 平台

　　在 ANKORUS 平台上，消費者可自由購買各國大型公司股票，如亞馬遜（AMZN）、臉書（FB）、蘋果（AAPL），以及美國公債、公司債、美金、瑞士法郎、日圓、黃金、原油等金融資產。消費者選擇了投資標的之後，可以透過不同的虛擬貨幣（如比特幣、以太幣等 60 餘種虛擬貨幣）支付給 ANKORUS 平台進行購買。

ANK 虛擬貨幣投資各種金融商品

　　ANKORUS 平台上的交易員會以當下證券價格，幫投資顧客以其各種虛擬貨幣購買標的證券，交易完成後會發放與證券價值等值的 ANK 幣至消費者的智慧錢包。當投資的證券產生收益時，ANKORUS 會自動幫消費者進行再投資。消費者也可以隨時終止投資，ANKORUS 會將智慧錢包內的 ANK 幣換回其他虛擬貨幣。

破壞式創新

20 分鐘輕鬆完成資產買賣

　　傳統銀行業或證券業的金融資產投資，無論資產的買或賣，以目前的清算速度都需要經過 5 至 10 個工作流程，除了速度慢之外，金融機構也要從中收取高額的手續費，瓜分投資收益。加上目前各國有不同的金融法規以及投資國籍限制限，投資人要投資非本國的金融資產商品，實務操作上並不方便，大幅降低證券市場的流動性。

　　ANKORUS 創造一個以區塊鏈為基礎的金融資產投資平台，改善傳統金融資產投資市場的效率，利用虛擬貨幣創造即時性的金流，讓投資人能在 20 分鐘內完成資產買賣手續。透過區塊鏈，投資人可以看到交易完整的數位歷程，包括交易的起源、所有權及屬性，這樣的技術可以使得金融資產更具流動性。

　　在區塊鏈上買賣金融資產，可以讓投資人不受金融法規對於不同國籍、不同交易市場的限制，輕鬆選擇購買跨國界的金融資產。同時，區塊鏈進行交易，也免除了傳統銀行中複雜的認證程序，簡化投資人的購買流程，大幅降低交易成本及手續費。

ANK 代幣生態圈介紹

　　ANK 生態系統包含平台、消費者兩種角色。消費者可用智慧錢包裡的多種虛擬貨幣向 ANKORUS 平台購買金融證券。當平台收到訂單付款後，交易員會立即為消費者購買標的證券，並收取少量手續費，與標的證券等值的 ANK 幣會轉入消費者的智慧錢包中。當消費者終止證券投資，交易員會協助出售證券，消費者便可將 ANK 幣轉換回其他虛擬貨幣。

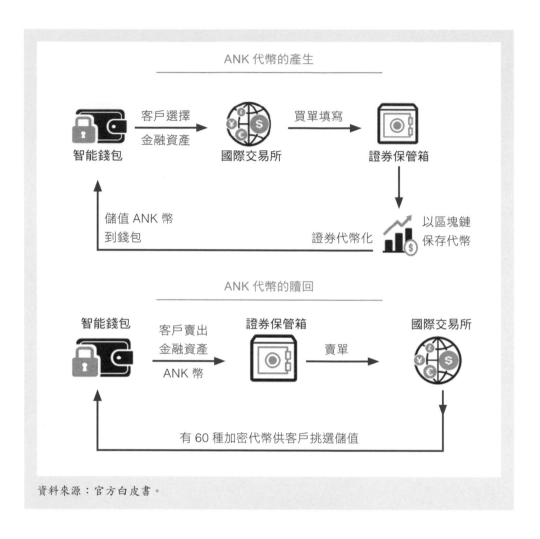

資料來源：官方白皮書。

上網搜尋 ANK 代幣交易歷史：

https://etherscan.io/token/0xaa4ab1c817e4df7d25ce4d42352649d592
a3bba0

參考資料來源：https://www.Ankorus.org/

企業服務 投資 銀行

Business service Investment Banking

加密貨幣財富管理的新世紀

SwissBorg

如何在區塊鏈代幣經濟管理財富

在數位化的年代，面對變化莫測的加密貨幣投資市場，應該如何進行財富管理？傳統金融運作機制已然過時、專業財務管理的系統又僅僅針對社會精英服務；因此，為了幫助加密貨幣持有人將手中的代幣作最佳的投資組合績效，創造一個專業、公平、去中心化的財富管理生態圈 SwissBorg 遂應運而生。

代幣小檔案

ICO 代幣名稱：CHSB

ICO 代幣初始價格：1CHSB = 0.04USD

ICO 代幣發行地區：瑞典

ICO 代幣銷售開始日：2017.12.07

ICO 代幣銷售結束日：2018.01.10

ICO 代幣募資總額：約 51,000,000 美元

ICO 代幣現值（2018.10.17）：約 5,693,756 美元

Fusion$360

上網搜尋 SwissBorg ICO
相關資訊

https://lastmile.fusions360.com/
market/detail/5914ab50d50572
150bc68492f2c756f29c23ae48

加密貨幣財富管理區塊鏈

SwissBorg 創造了一個專業、公平、去中心化的財富管理生態系統，協助管理加密貨幣持有人的投資組合績效。SwissBorg 提供智能型的代幣對沖基金，分散投資於具有加密貨幣市場系統中，並提供代幣風險指數和風險較高

ICO 發行前期的戰略交易策略，給予投資者多樣化的投資組合，以分散風險、提高獲利。

SwissBorg 係由瑞典的專業財經團隊所創建，為全球第一個運用區塊鏈機制管理投資虛擬貨幣的金融財富管理平台。公司的投資管理部門是由經驗豐富的投資經理人和財務顧問所組成，致力於提供創新財富管理解決方案，其中包括投資創立避險基金，透過整合多樣化投資策略與頻繁對沖市場降低投資風險，來提供更高層級的投資安全和資本保障。

網路公投意見，參與平台經營策略

為了促進 SwissBorg 生態圈發展，SwissBorg 平台設有獎勵機制，凡對於SwissBorg 生態圈的有所貢獻者，都可以獲得 CHSB 幣，共享 SwissBorg 的營業利益（每季最高 10%）。CHSB 幣的另一核心特質，則是讓代幣持有者可透過公眾投票來決定 SwissBorg 的發展方向。平台會產生一個公投代幣（簡稱 RSB）予每位持有者，每位持有者均可透過 RSB 對平台的公投項目表達意見。每個 RSB 的價值高低，則取決於代幣持有人當下所擁有的 CHSB 幣數量，經加權計算而定。

為提高整體投資績效，SwissBorg 特別設立了對沖基金，亦即一種避險性基金。此外，SwissBorg 也運用智能合約技術，提供「人工智能授權」服務，系統可評估整合客戶的期望報酬、風險忍受度、個人生活足跡（如社交活動）等數據及人工智能技術，透過的嚴謹分析研擬客製化的投資授權，並賦予客戶可隨時隨地取得詳盡、最新投資組合績效報告的權利。

投資對沖避險基金，分散投資風散

為提供更好的服務給消費者，SwissBorg 創造兩種加密貨幣。第一種是CSB 幣，CSB 幣是一種運用多元策略用來投資對沖基金（避險基金）的交易工具。這個代幣的目標在於加密貨幣市場中能獲得持續、穩定獲得報酬，同時透過多樣化投資策略，將具高變動性的加密貨幣投資風險降至最低。

第二種代幣為 CHSB 幣，持有此種代幣者，可積極參與網絡的發展，並分享 SwissBorg 網絡的收入利潤，享受會員福利，並即時獲得新產品訊息、服務和獎金（例如每個 CHSB 幣持有者都有權獲得 SwissBorg C-Share，以換取 CHSB 幣）。

CHSB 代幣生態圈介紹

　　SwissBorg 發行兩種代幣，第一個是 CSB 幣，為多策略功能代幣對沖基金（避險基金），目標在加密貨幣市場中獲得報酬；第二種是 CHSB 幣，持有人可以參與 SwissBorg 網絡的發展意見、對技術開發項目進行公投，也可以分享 SwissBorg 收入並即時獲得產品資訊、服務和獎勵。

　　SwissBorg 的收入來源主要來自兩方面，包括提供投資服務的交易費用，以及從投資解決方案中的績效表現與管理手續費用。

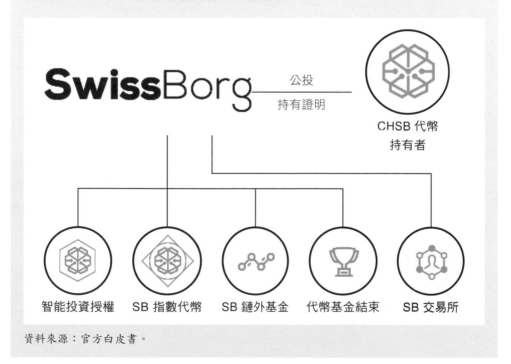

資料來源：官方白皮書。

上網搜尋 CHSB 代幣交易歷史：

https://etherscan.io/address/0xba9d4199fab4f26efe3551d490e382148
6f135ba

參考資料來源：https://SwissBorg.com/en/chsbtoken.html

商業服務　　銀行

Business service　　Banking

傳統資產代幣化
Jibrel Network

將自有傳統金融資產代幣化　並透過區塊鏈交易獲利

實體經濟的流通性已達瓶頸，實體資產的數字化正蔚為風潮。通過區塊鏈技術，真實世界的所有資產都可以代幣化，並在公平、公正和安全的條件下讓資產上鏈流通。Jibrel Network 是讓任何人都能將自身擁有的傳統金融資產代幣化，並透過區塊鏈交易從中獲利的平台。

代幣小檔案

ICO 代幣名稱： JNT
ICO 代幣初始價格： 1JNT = 0.25USD
ICO 代幣發行地區： 瑞典
ICO 代幣銷售開始日： 2017.11.27
ICO 代幣銷售結束日： 2018.01.01
ICO 代幣募資總額： 約 50,000,000 美元
ICO 代幣現值（2018.10.17）： 約 21,363,753 美元

Fusion$360

上網搜尋 Jibrel ICO
相關資訊
https://lastmile.fusions360.com/
market/detail/83acac0a9885121
a55bb9d4c96e5e52c74c42e87

將資產代幣化　上鏈流通交易以獲利

　　真實世界中存在的一塊錢或一棟房子，在虛擬世界中同樣是資產，不僅可交易、流通，更有機會獲利。Jibrel Network 利用區塊鏈上及鏈外平台的協同操作，成為使用者可將手中傳統資產代幣化的去中心化交易平台。

Jibrel Network 藉由發行擔保傳統資產價值的栓式憑證，解決資產擔保問題，使用者不必透過銀行等中間機構存入現金，自然也不受反洗錢、KYC（Know Your Customer）及相關法規的限制。過度暴露在數位貨幣去中心化的機構與資金，也可透過穩定資產對沖持倉而受到保護。因此，使用者可在區塊鏈上及區塊鏈外進行套利交易，以獲得利益。

此外，Jibrel 平台還能透過 P2P、企業對企業（B2B）或消費者對商家（C2M）等管道，以法定貨幣對法定貨幣交易的形式，做到即時，且幾乎零手續費的全球支付與匯款。

破壞式創新

傳統密碼編譯存託憑證分散風險

Jibrel Network 將傳統金融資產帶入區塊鏈，不僅解決傳統銀行高額手續費用和轉帳時間，更可透過代幣化傳統資產的服務來增加資產流動性、提高整體資產價值。

為降低加密貨幣的價值波動並穩定整個生態系統，Jibrel Network 使用了傳統密碼編譯存託憑證（CryDR），作為 Jibrel 持有傳統資產所有權的栓式憑證，其價值以 JNT 幣表示之。

去中化的金融交易　省去手續相關費用

Jibrel Network 將於發行時支援 6 種法定貨幣及 2 種貨幣市場工具，未來也規劃持續新增其他金融工具。使用加密法定貨幣，使用者可以近乎於零的手續費進行匯款、全球支付、交易及避險。此外，CryDR 還可用來創造自動化和分散化的金融工具，如債券、商品和證券，使去中心化組織和基金也可以透過投資傳統資產來分散風險。

而為確保栓式憑證有其相對應的價值，該機制勢必需要擔保人，而此生態系統中的擔保人即為 Jibrel 去中心化銀行（Jibrel Decentral Bank, JDB）。JDB

會代表傳統資產的擁有者持有資產，並核發相等價值的 CryDR，之後立即將
CryDR 傳送到原擁有者的錢包。當有平台使用者贖回憑證時，憑證即會遭到
銷毀，而所擔保的傳統資產將會移轉給憑證持有人。

JNT 代幣生態圈介紹

　　JNT 生態系統包括平台使用者、商家以及 JDB，而 JNT 幣是用來購買
和贖回 CryDR 的虛擬貨幣。此外，當 CryDR 移轉時，該交易活動也會以
佣金 jGas 的形式消耗少量的 JNT 幣。所有在 JDB 區塊鏈上發生的費用和
佣金都將以 JNT 幣支付。

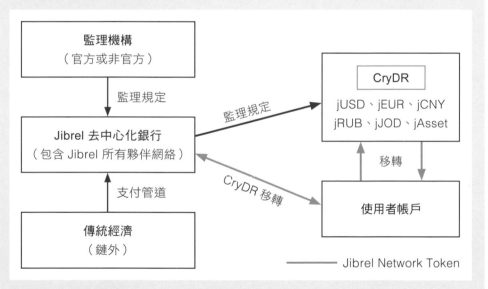

資料來源：官方白皮書。

　　舉例來説，當使用者有需求時會將法定貨幣（FIAT）傳給擔保人（JDB），
而擔保人將給使用者一個密碼編譯存託憑證（jFIAT）。當使用者以 jFIAT 付款給
商家，或是移轉給其他使用者後，若商家或使用者向 JDB 贖回 jFIAT 以換回真實
傳統資產，JDB 將會把法定貨幣轉到商家或使用者帳戶、同時註銷該密碼編譯存
託憑證。交易過程的所有費用，將都須以 JNT 幣支付。

上網搜尋 JNT 代幣交易歷史：

https://etherscan.io/address/0xa5fd1a791c4dfcaacc963d4f73c6ae582
4149ea7

參考資料來源：https://Jibrel.network/

銀行　　投資　　加密貨幣

Banking　　Investment　　Cryptocurrency

虛擬貨幣交易資訊信任平台
BLOCKCHAIN TERMINAL

掌握區塊鏈情報

「資訊透明」也可以變成好生意？BCT 情報終端機服務在虛擬貨幣火熱時的最佳資訊看板，讓所有想進場的投資者，有了資訊透明的參考依據。

代幣小檔案

ICO 代幣名稱：BCT
ICO 代幣初始價格：1BCT = 0.1USD
ICO 代幣發行地區：開曼群島
ICO 代幣銷售開始日：2018.03.16
ICO 代幣銷售結束日：2018.04.30
ICO 代幣募資總額：約 30,000,000 美元
ICO 代幣現值（2018.10.17）：未公開銷售

Fusion$360

上網搜尋 BLOCKCHAIN TERMINAL ICO 相關資訊
https://lastmile.fusions360.com/market/detail/9f05c6af9fc8b026
8e1a5376d0c84df2e8dcd13c

虛擬貨幣充滿詐欺風險　投資者如何判斷？

據 Coinbase 調查，目前有 100 億美元的機構資金正在觀望，等待進入虛擬貨幣市場。虛擬貨幣投資方興未艾，但目前市場上仍缺乏完整資訊系統及投資平台協助進場。

BLOCKCHAIN TERMINAL（簡稱 BCT）提供情報終端機服務，專為投資分析師、營運人員、資產配置管理者、交易員和審計人員設計，提供虛擬貨幣即時的訊息、交易相關資訊以及投資分析工具。因為在 BTC 幣帳本上重要的數據，都是透過區塊鏈分散系統儲存，不可修改，因此能忠實呈現平台上使用者的交易資訊。BCT 也會即時顯示虛擬貨幣造市者和交易者的出價訊息，讓使用者可以直接在終端機上進行虛擬貨幣的交易和管理。

以區塊鏈為基礎　打造虛擬貨幣買賣資訊透明交易平台

BCT 是一個基於區塊鏈技術，提供在虛擬貨幣交易市場上的資訊交易平台，專門為資產管理業者、避險基金營運者、虛擬貨幣交易者，提供安全、保障、透明、不可更動的資訊。其生態圈包含 BCT 終端機、BCT 帳本、BCT 平台、BCT 應用商店等。

BCT 也會即時顯示虛擬貨幣造市者和交易者的出價訊息，讓使用者可以直接在終端機上，進行虛擬貨幣的交易和管理。

對數位貨幣的投資者而言，交易資訊充分揭露是一大關鍵。區塊鏈技術記錄每筆交易而無法竄改的特性，讓 BCT 平台透能夠解決資訊不透明的問題，減輕繁瑣的法規規定，也讓避險基金業者有新的應用選擇。

透過區塊鏈技術，BCT 克服了在目前虛擬貨幣交易市場中缺乏整合的資訊系統和交易系統的問題，創造一個專為機構投資人設計的資訊及交易平台。

BCT 資訊全透明　讓投資人安心進場

　　區塊鏈分散式帳儲存技術，為當前的商業模式及產業帶來許多革新，不少銀行正在試圖透過區塊鏈分散式帳本架構改變線上交易方式，例如增加資產管理產業的資訊透明度。這些透明度對於機構投資人來說，是非常重要的。

　　雖然虛擬貨幣的投資需求很大，但目前市場上缺乏一個完整的資訊系統及投資平台，這些機構投資者在目前的行業結構上，是沒辦法順利進入虛擬貨幣市場進行投資的。

　　BCT 為機構投資者創造一個進入虛擬貨幣市場的平台，提供專業機構等級的虛擬貨幣交易數據，以及 ICO 的基本資訊。在 BCT 終端機上，消費者也可以使用投資數據分析以及圖表繪製等工具，進行策略投資以及資產配置管理。此外，BCT 上會即時顯示造市者和交易者的出價訊息，讓使用者可以直接在終端機上，進行虛擬貨幣的交易和管理。

　　另外，BCT 生態中的 BCT 應用商店，則提供應用程式開發商及第三方商店上架自家的應用程式。但使用 BCT 上的付費服務時，消費者必需使用 BCT 幣進行支付。

BCT 代幣生態圈介紹

　　BCT 生態系統包含平台和消費者兩種角色。消費者如機構投資人，須先購買 BCT 幣才能使用 BCT 上的服務。消費者購買平台上不同的加值服務，如零售交易系統、防衛服務，或是應用程式商店上的交易分析工具等，均須支付 BCT 幣。

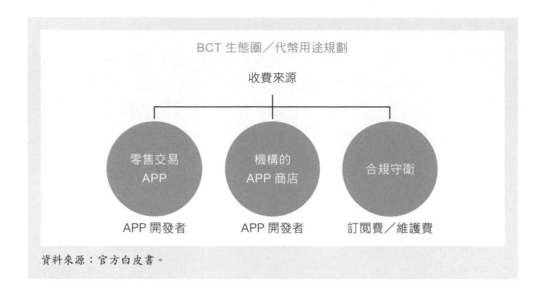

資料來源：官方白皮書。

 上網搜尋 BCT 代幣交易歷史：

https://etherscan.io/address/0xf76da36fe74bb8b36d56cb96f4866ada3
45b65fa

參考資料來源：https://www.bct.io/

企業服務　　平台　　加密貨幣　　軟體

Business Service　　Platform　　Cryptocurrency　　Software

全球房地產租賃免仲介
Rentberry

結合區塊鏈　房地產交易更透明

在房地產租賃買賣的交易市場上，存在許多因資訊不透明而衍生的糾紛與磨擦，區塊鏈去中心化與加密機制技術，在交易過程每個環節公開透明，省去中間高額的仲介費，是區塊鏈產業中最具發展潛力的產業之一。

代幣小檔案

ICO 代幣名稱：BERRY
ICO 代幣初始價格：1BERRY = 0.347USD
ICO 代幣發行地區：直布羅陀
ICO 代幣銷售開始日：2017.12.05
ICO 代幣銷售結束日：2018.02.28
ICO 代幣募資總額：約 30,000,000 美元
ICO 代幣現值（2018.10.17）：約 1,870,033 美元

Fusion$360

上網搜尋 Rentberry ICO
相關資訊

https://lastmile.fusions360.com/
market/detail/2befa7a8843b627
c5108eec5f153579dc7c1b80a

　　長期租屋的需求有增無減，Rentberry 利用區塊鏈及智能合約，在長期租屋市場中，提供承租人和出租人能在網站平台上完成所有租屋手續，減少傳統租屋市場的摩擦成本、隱瞞詐騙、時間延遲等問題。Rentberry 網站透過會員評價制度，於交易後讓會員評價，增進平台的資訊透明化以及使用者間的信任，租賃雙方都能享受美好的租屋經驗。

據推估，現今全球的租屋合約超過 6 億份，有 23 億人的住所仰賴長期租屋方式，加上國際移民超過 2 億人，以上數據在在顯示出一個高度透明的跨國租屋平台，有著龐大的潛在消費客群。

資訊透明化　提供完整租屋服務

傳統長期租屋的合約容易產生摩擦，對於出租人及承租人雙方都是耗費心力的事情。其中重要因素是，市場上出租房源以及欲承租人的信用資訊都非常不透明，雙方仰賴仲介提供承租人及出租人的連結。除了租賃房屋的服務，仲介市場也很少提供相關的服務，像是房屋修繕等。

Rentberry 運作的機制，有房子想出租的人將欲出租的房產資訊登錄到網站平台上，可以檢視有意承租人的信用紀錄，找尋符合條件的承租人。承租方可以設定喜好的條件，來搜尋欲承租的房源並提出申請；若多於一人申請同一房源，將進行出價競標。Rentberry 也提供承租人線上申請房源維修等加值服務。所有平台上的租房合均約採智能合約規範，在網站上完成所有手續。Rentberry 平台上可以 BERRY 幣付款交易，使用 BERRY 幣即享付款折扣。租賃雙方在網站上的活動紀錄都會被記錄在信用評分紀錄中，承租人與出租人也可互相做信用評分。

破壞式創新

眾包共同協作創新模式

Rentberry 分散式生態圈和信用評分社群解決，可以有效化解傳統租屋市場潛存的不確定與紛爭。Rentberry 在區塊鏈和信用評分機制之下，提供低成本、高度安全以及便利的租賃房屋平台。此外平台透過眾包（crowdsourcing）的方式，也就是集合眾人的力量，協作完成任務。

Rentberry 以區塊鏈、智能合約等技術建立全新租屋平台，優化長期租屋市場的效率以及使用者體驗。讓租屋人及承租人各自在平台上提供資訊，去

除傳統租屋市場中的仲介角色，降低省去仲介成本。且 Rentberry 平台提供全球一致的租屋流程，使國際移民能輕鬆地在異地租屋。從 2015 年至今，Rentberry 已有約 11 萬會員、18 萬件委託租賃的物件。

BERRY 代幣生態圈介紹

　　BERRY 生態系統包含平台、承租人以及出租人等角色。所有 Rentberry 平台上的付款交易都以 BERRY 幣來執行，若使用 BERRY 幣支付租屋費用，平台就不收取任何手續費，以提高代幣使用率。承租人使用維修加值服務時，平台將收取 1% 手續費。其他收費服務包含租屋申請、使用線上房租繳納系統、刊登 3 筆以上的房源、為房源進行廣告促銷等。

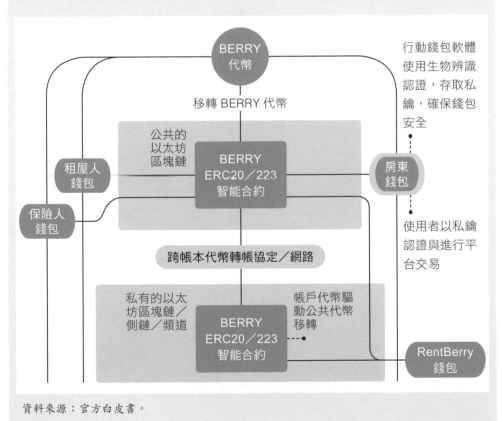

資料來源：官方白皮書。

上網搜尋 BERRY 代幣交易歷史：

https://etherscan.io/address/0x6aeb95f06cda84ca345c2de0f3b7f9692

3a44f4c

參考資料來源：https://rentberry.com/

房地產

Real Estate

智能 P2P 全球借貸區塊鏈
ZPER

幣圈的理財機器人

區塊鏈技術興起，銀行在借貸與投資的角色面臨極大挑戰，在大數據的世界，個人及企業能借貸或投資多少錢、償還能力、風險有多大，機器人諮商顧問都可協助計算！

代幣小檔案

ICO 代幣名稱：ZPR

ICO 代幣初始價格：1ZPR = 0.000065ETH

ICO 代幣發行地區：新加坡

ICO 代幣銷售開始日：2018.04.27

ICO 代幣銷售結束日：2018.05.16

ICO 代幣募資總額：約 23,211,600 美元

ICO 代幣現值（2018.10.17）：約 6,658,252 美元

Fusion$360

上網搜尋 ZPER ICO
相關資訊

https://lastmile.fusions360.com/
market/detail/f3b47d9bfb2d5c3
ce32fdde606a358849c49d43e

虛擬貨幣及區塊鏈技術　實現去中心化全球借貸投資

　　ZPER 利用區塊鏈技術，發展去中心化概念的借貸與投資平台，跨越國界與不同幣值、在全球募資金流趨勢中打造出一個具有創意的 P2P 經濟生態圈。ZPER 開放與理財機器人的合作，可以根據平台上貸款產品的收益率、投資期、違約或無力償付的風險進行分析，並將條件相似的貸款分別建立成不同的投資組合。投資人可以在平台上直接投資單一貸款、購買投資組合或是其他

投資者的本息收款權。 ZPER 也新增資訊提供的角色，強化平台上的信用評比系統。平台除了單一貸款外也提供投資組合的產品，為投資人分散投資，降低單一違約帶來的風險與損失。

開放獎勵資訊共享　評估借貸者的信用

在 ZPER 平台上，借款者像是個人、企業、商業或公司等都可以提出貸款的需求。ZPER 與合作的 RoboAdvisors 理財機器人，會根據投資標的、違約率或無力償付的風險進行評估分析，並進行分類建檔。

投資方可以在平台上選擇投資單一貸款、購買投資組合或是其他投資者的本息收款權。為了增進審核借款人的效率，開放信用評比公司、銀行、信用卡公司、P2P 借貸平台或個人平台提供針對借貸者多一種參考的數據選擇，平台則以 ZPR 代幣來獎勵這些資訊提供者。

為降低借貸者違約或無法償還的可能性，ZPER 平台新增數據資訊提供者的角色，來強化對借貸者的信用評比。除了單一貸款也提供投資組合的產品，讓投資人可以分散投資，降低單一投資產品的風險。

破壞式創新

P2P 全球借貸平台結合區塊鏈　準確判別信用評級

隨著數位科技不斷精進，帶動 P2P 借貸平台的興起並快速發展。根據 Research and Markets 市場資料顯示，全球 P2P 借貸市場在 2016 至 2020 年以平均 53.06% 的年增率快速成長。摩根史坦利（Morgan Stanly）也預測全球 P2P 借貸的市場在 2020 年達到 490 億美元。

然而，P2P 借貸機構也面臨一些挑戰。雖然 P2P 借貸機構經常使用數位多元資訊系統來判斷借款人的信用，但礙於平台可獲取的資訊量不足，難以執行全盤完整的分析，無法做出精準的信用判別。

此外，有別於一般 P2P 借貸平台直接媒合借款人與投資人進行一對一借貸，投資人需要獨自承擔債務違約風險。萬一借款人還不出錢，投資人便會承受鉅額損失。也因為借款有固定的償還期限，投資 P2P 借貸產品，獲利流動性較為緩慢。

智能合約與委員會雙重把關

ZPER 平台透過智能合約來規範借款人和投資人的義務及責任。為提高生態系統的穩定性，ZPER 會組織委員會負責監督參與者的資格與狀態，若發生違反事項，將限制參與者的活動。

平台合作的 RoboAdvisors 理財機器人負責評估分析，將平台上的債務，分類包裝成不同條件的投資組合讓投資人選購，增加產品的多樣性並分散風險，進而降低單一違約事件對投資人造成的損失。

在 ZPER 平台上，所有借款均使用 ZPR 幣支付，交易和轉換資訊會被記載在 PLBT（P2P loan based token）借貸代幣內，增加平台資訊的可靠性；整體交易過程透明，且無法竄改。

ZPR 代幣生態圈介紹

ZPR 生態系統包含平台、借款人、投資人和資訊數據提供者等角色。借款人在平台上申請貸款，若審核成功，將以 ZPR 幣獲得放款，並要支付平台付 1～7% 的手續費用。投資人可購買平台上的單一貸款、RoboAdvisors 設計的投資組合或是其他投資者的本息收款權。平台會根據資訊提供者提供的資訊，發放 ZPR 幣作為獎勵。

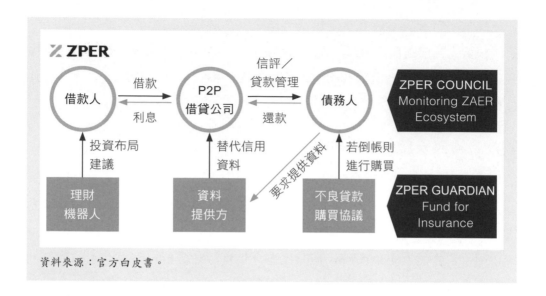

資料來源：官方白皮書。

上網搜尋 ZPR 代幣交易歷史：

https://etherscan.io/address/0xb5b8f5616fe42d5ceca3e87f3fddbdd8f
496d760

參考資料來源：https://zper.io/

平台	虛擬貨幣	銀行	智能合約
Platform	Cryptocurrency	Banking	Smart Contract

供應鏈管理
OriginTrail

區塊鏈實現供應鏈資訊的透明化與即時化

貿易全球化、市場訊息不對稱、上中下游瑣碎分散的數據資料，以及低落的資訊交換整合，讓供應鏈產業面臨極大系統性風險，很可能因情報延遲而造成供需失衡，引發巨大損失。

OriginTrail 是全球首創以區塊鏈技術建構分散式供應鏈協議平台，讓資訊可以更透明、可信的方式互相交流整合。亦提供去中心化解決方案，透過共識檢查機制，發展供應鏈數據共享服務，幫助企業極大化競爭力。

代幣小檔案

ICO 代幣名稱：TRACE

ICO 代幣初始價格：1TRACE = 0.1USD

ICO 代幣發行地區：斯洛維尼亞

ICO 代幣銷售開始日：2018.01.15

ICO 代幣銷售結束日：2018.01.17

ICO 代幣募資總額：約 22,500,000 美元

ICO 代幣現值（2018.10.17）：約 9,363,754 美元

Fusion$360

上網搜尋 OriginTrail ICO 相關資訊

https://lastmile.fusions360.com/market/detail/75806a0ac2ecf0e8184ceccb9541fa20510316ff

　　OriginTrail 是一個針對供應鏈管理所設計的分散式區塊鏈網路協議平台，讓供應鏈廠商的資料庫數據可以有效、透明且安全地的方式，在任何供應鏈上傳遞及共享，同時保護企業商譽，免於他人欺詐行為的侵害。

OriginTrail 為供應鏈管理帶來許多好處。第一，不同利益導向的組織供應鏈 IT 系統可以在平台的共識機制下，共享無間隙、自動更新的完整商業數據。第二，替供應產業鏈量身打造一個去中心化的數據系統，使整個產業鏈得以最有效、低成本的方式達到數據共享、可擴展、可相互操作的效益。

TRACE 加密貨幣　獎勵數據礦工

其中，TRACE 加密貨幣是 OriginTrail 平台用來獎勵在其鏈外分散式對等網絡 OriginTrail 協議（OriginTrail Decentralized Network, ODN）上，為供應鏈數據的提供者及數據消費者提供服務的一種方式。TRACE 幣為分散世界各地的 P2P 網路節點持有者提供激勵誘因，以執行系統功能。當代幣持有者想要將數據儲存到協議中，或是想要讀取協議裡內的數據時，將會使用 TRACE 幣，在 ODN 生態系統中達成。

在貿易全球化的環境中，供應鏈的複雜性增加了市場訊息不對稱的程度。瑣碎分散的數據資料和低互相操作性一直是整個供應產業鏈面臨最大問題，儘管已經有許多平台試圖運用區塊鏈技術解決此問題，但至今仍沒有合適的去中心化解決方案可以用具成本效益的方法來達到可信、可擴展的數據共享服務。

破壞式創新

共識檢查機制責任鏈　解決數據差異

OriginTrail 提供了一種讓所有不同利益的供應鏈 IT 管理者可以簡單地透過區塊鏈技術，而達到完整數據共享的方法，讓他們除了可以掌握自己的供應鏈數據外，也可以和其他組織交換不同的供應鏈數據資料庫。

為提高供應鏈數據提供的可信度，OriginTrail 設計了一種「共識檢查」機制的責任鏈，以驗證不同利益關係者所提供的數據之間是否存在差異，並將商業機密資訊透過鏈外對等網路進行保護。

其中，共識檢查機制分三大執行步驟。首先，供應鏈利益相關者彼此先相互批准創建一個責任鏈來歸屬彼此責任，再來，驗證動態批次產品訊息是否與實際經濟活動匹配，其中較機密的數據將受到其零知識證明工具（Zero-Knowledge Succinct Non-interactive Arguments of Knowledge）zk-SNARK2 的零知識運算法（Zero Knowledge）措施保護，而不會受到檢視。最後，機制將透過審計和編譯組織確認所提供的數據是否正確，以確保整體生態系統流暢運作。透過此驗證機制，可在不揭露訊息本身的情況下，檢查私有訊息是否可被驗證。

考量數據及計算效率等因素，OriginTrail 更營運了一個 ODN 來提升整個生態系統運作，透過兩個系統層——網路層及數據層的協同運作，使供應鏈利益相關者可以更具成本效益地達到數據整合，以及相互操作的解決方案。

TRACE 代幣生態圈介紹

OriginTrail 生態系統的參與者包括平台、供應鏈廠商、消費者以及鏈外節點。該生態系統透過分散世界各地的區塊鏈外節點來形成一個完整生態網路，節點間透過數據加密、處理與分送等服務來滿足協議用戶（供應鏈數據提供者和消費者）共享供應鏈數據的需求，並從中獲得 TRACE 幣報酬。

當數據提供者使用希望在 OriginTrail 平台上儲存數據時需要支付 TRACE 幣給節點，而當數據使用者想要讀取數據時，亦要向節點支付 TRACE 幣。

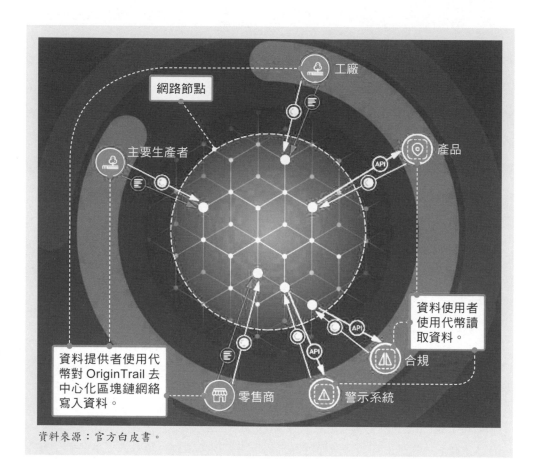

資料來源：官方白皮書。

上網搜尋 TRACE 智能合約與交易歷史：

https://etherscan.io/address/0xaa7a9ca87d3694b5755f213b5d04094b
8d0f0a6f

參考資料來源：https://origintrail.io/

供應鏈　　軟體　　平台

Supply Chain　　Software　　Platform

投資新手的入門平台
Pecunio

投資好的 ICO　需要專業團隊進場協助

全球加幣貨幣市場火熱，不少人在場外躍躍欲試。但要怎樣投資加密貨幣？現在是投資時機嗎？ Pecunio 平台幫助投資新手輕鬆踏入加密貨幣的世界。

> ### 代幣小檔案
>
> **ICO 代幣名稱**：PCO
> **ICO 代幣初始價格**：1PCO = 1.5USD
> **ICO 代幣發行地區**：阿拉伯聯合大公國
> **ICO 代幣銷售開始日**：2018.03.19
> **ICO 代幣銷售結束日**：2018.04.19
> **ICO 代幣募資總額**：約 20,539,923 美元
> **ICO 代幣現值（2018.10.17）**：
> 1PCO = 0.000015USD

Fusion$360

上網搜尋 Pecunio ICO
相關資訊

https://lastmile.fusions360.com/
market/detail/3c93f17cb52bf62
ee37ebccc3517d5ecf98c7cc6

從投幣產品到區塊鏈創新

目前加密貨幣市場還是一個新興產業，存有相當多的不確定性。對於不擅長科技的使用者，加密貨幣的投資市場入門不易。Pecunio 是一個分散式的投資平台，專注於具有獨特價值主張和高績效潛力的藍籌股區塊鏈資產交易。

Pecunio 產品和服務涵蓋從初始投幣產品到區塊鏈創新的整個生命週期，且所有市面上主要的加密貨幣，包含比特幣、以太幣等，皆可在平台上直接進行兌換。

破壞式創新

用黃金兌換加密貨幣　並發行專屬信用卡

Pecunio 平台最大的革命在於解決加密支出問題，並以安全、簡單的方式管理加密資產。黃金因為價值穩定、不易浮動，故常被用作金錢標的。Pecunio 與其合作者便將黃金價值儲存在加密貨幣中，並維持其所發行的 PGC 幣在交易循環中保持固定價值，是全球首創可以黃金兌換加密貨幣的金融科技公司。

在 Pecunio 平台上，所有主要的加密貨幣皆可被使用、交易。同時 Pecunio 還發行自己的信用卡，讓加密貨幣價值可直接對應於實際的法定貨幣的交易中，使用者可以透過該平台直接管理其資產。

Pecunio 同時提供許多群眾募資的專業分析與知識供使用者參考，投資者將可依據這些數據進行投資，進而獲得最大量的利潤。Pecunio 基金領域的所有基金都將從他們的管理專業知識、強大的行業聯繫和其專有風險管理系統中獲益。Pecunio 非常重視盡職調查功能，識別可能的紅旗並發現潛在的 ICO 詐騙行為。Pecunio 也非常重視錢包安全和投資者保護，利用冷庫和多重錢包，確保投資者的資產安全。

除可以利用黃金兌換代幣外，Pecunio 是目前唯一不收取任何手續費的區塊鏈投資平台，更發行了自家的信用卡。Pecunio 在加密貨幣市場中扮演專業且獨特的角色，不是賣家、也不是交易者，而更近似於管理者的身份，支持目前平台的使用者，協助其由加密貨幣市場中獲得最大收益。

綜觀下來，Pecunio 擁有五大主要市場優勢，包括：（1）一定規模但低成本的平台；（2）背後強大的社群與專家；（3）持續調整與精進的商業模式；

（4）高安全標準，並在複雜的市場中保有透明化；（5）所有交易均須透過其平台，進而成為投資者的最好的投資團隊。

PCO 代幣生態圈介紹

Pecunio 的整體系統係建立在以太坊上，故能運用以太坊的優勢，加上可以黃金兌換的貨幣，將能提供投資者更多安全與保障。Pecunio 亦提供三種不同代幣，可視不同情況透過不同介面使用。

每種代幣皆是在 ERC20 上發行，仍可與以太坊錢包相容：

1. PCC：此種代幣由 30 種高價值加密貨幣組成，可一次購買一系列的代幣。
2. PICO：此種代幣係用來投資最具未來性的 ICOs。
3. PAV：此種代幣可用來投資最具未來的金融科技新創公司。

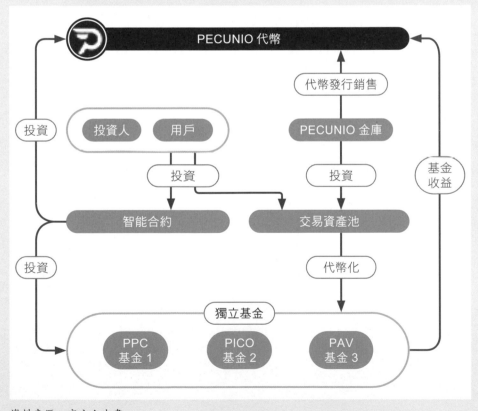

資料來源：官方白皮書。

上網搜尋 PCO 代幣交易歷史：

https://etherscan.io/address/0xf5b815344641412401d8e868790dbd1
25e6761ca

參考資料來源：https://pecun.io/

加密貨幣　　投資　　平台與生態系統

Cryptocurrency　　Investment　　Platforms & Ecosystems

實體資產交易區塊鏈
LAToken

實體資產代幣化　提高資產流動力

在區塊鏈中，資產貨幣化對傳統金融帶來的影響，可能遠比想像來得大。所有實體資產，包括房地產、銀行貸款及藝術品等，都能代幣化，並在區塊鏈平台上交易、銷售；在實體資產的背書下，虛擬代幣交易更具安全基礎。即使是小型散戶，也有機會在區塊鏈中獲利，真正實現資產貨幣化的目標。

代幣小檔案

ICO 代幣名稱： LAT
ICO 代幣初始價格： 2,290LAT = 1ETH
ICO 代幣發行地區： 新加坡
ICO 代幣銷售開始日： 2017.08.22
ICO 代幣銷售結束日： 2017.10.10
ICO 代幣募資總額： 約 20,000,000 美元
ICO 代幣現值（2018.10.17）： 約 6,536,574 美元

Fusion$360

上網搜尋 LAToken ICO
相關資訊
https://lastmile.fusions360.com/
market/detail/98c92e7c4fc39cb
bab0f4cb18ea011d8a0d90576

實體資產變代幣　區塊鏈新金融國度中獲利

　　LAToken 是一個透過區塊鏈技術創造的資產代幣交易平台。投資人可以透過資產代幣的持有來揭露實體資產價格，並獲得與資產價格相連結的潛在獲利。同時，透過持有多樣化的虛擬貨幣也可降低投資風險。

而 LAToken 也讓資產所有者可以透過平台來創建與銷售自己的資產代幣，藉此增加實體資產的市場流動性、提高整體資產價值。LAToken 積極消除資產所有人與代幣持有者之間資訊不對稱及詐欺的可能，提供市場一個互惠互信的平台。

前身為 ZALOGO 金融平台　首創資產代幣交易

LAToken 的前身為 ZALOGO 金融平台，主要業務為提供不同資產類別的代幣化服務。在轉型為 LAToken 平台後，開始使用者創造自己的代幣並在平台銷售，例如與股價相關的代幣（如蘋果、亞馬遜、特斯拉）、商品價格相關代幣（如石油、黃金、白銀），以及房地產指數股票型基金（ETF）價格相關的代幣。而 LAT 幣是交易資產代幣的主要貨幣。

在 LAToken 交易所，虛擬貨幣持有人可以使用虛擬貨幣購買已上市資產（股票，債券和商品）價格相關的資產代幣，也允許資產所有者和代幣持有人迅速地創建和交易以非流動資產，例如房地產和藝術作品的相關代幣。因為 LAToken 交易所的交易成本低，所以即使是小型散戶虛擬貨幣持有人，也有使其實體資產價值上漲的潛力。

破壞式創新

用實體資產為虛擬代幣背書累積代幣產值將達 4 兆美金

根據市場統計，截至 2017 年 8 月虛擬代幣市場總額達 1,650 億美金，估計至 2025 年虛擬代幣錢包普及率將達到全球人口的 5%。每年虛擬代幣錢包數量的雙倍成長與資產代幣的低波動性成為虛擬代幣交易重要支持，估計 2025 年虛擬代幣市場總額將超過 4 兆美金。

　　儘管代幣市場成長力道大，但當投資對沒有以資產為基礎的的虛擬代幣失去信心時，就會將投資組合轉至一般的貨幣或實體資產，這是虛擬代幣市場的潛在風險。但資產代幣提供了一個解決方案，不僅保有傳統虛擬代幣低波動性和投資組合優化的優勢，更讓投資者擁有接觸實體資產價格的管道，也節省了虛擬代幣轉換成通用貨幣的中間成本。

　　由於資產代幣的價值取決於連結的實體資產價格，因此不易受到虛擬代幣市場的波動，總市值預估到 2025 年可佔全市場至少 80%，也就是 4 兆美金。

　　LAToken 提供資產所有者在符合 LAToken 提出的規則和法律規範內可以自由創造和銷售資產代幣，更透過區塊鏈技術和人工智慧增加交易安全。代幣持有人可以在 LAToken 平台上買賣資產代幣並自行管理投資組合，無論是已上市資產價格相關的資產代幣，或是非流動資產價格相關的代幣，都能在平台上安全購買。

LAT 代幣生態圈介紹

　　LAT 生態系統包含平台、資產所有者、代幣持有人、資產託管人及服務供應商。LAToken 平台使資產所有者可透過資產鑑價後將資產抵押給資產託管人，並藉由代幣化服務將資產價值於平台上切分銷售，獲得無須償還利息的資金；而代幣持有人也可以透過 LAToken 平台購買相對應的資產代幣，獲得未來資產所有者購回代幣時的潛在價格上升利益。LAT 幣的流通範圍，包含：（1）資產所有者將其資產託管給第三方資產託管人後的代幣發行；（2）代幣持有人於平台購買資產代幣；（3）資產所有者到期回購代幣；（4）LAToken 平台使用費等。

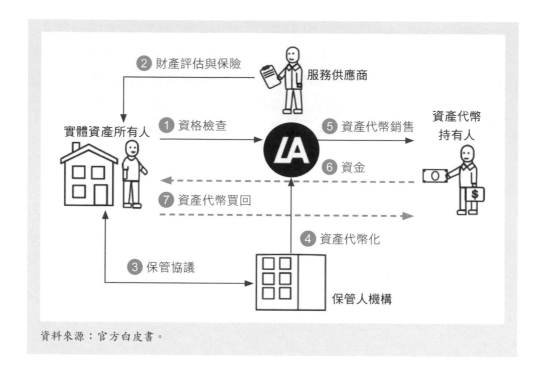

資料來源：官方白皮書。

上網搜尋 LAT 代幣交易歷史：

https://etherscan.io/address/0xe50365f5d679cb98a1dd62d6f6e58e59
321bcddf

參考資料來源：https://sale.latoken.com/

實體資產	平台
Real Asset	Platform

利用社群保證的 P2P 保險平台
InsurePal

InsurePal（Vouch For Me）是一個利用區塊鏈技術以及保證人和社群背書機制的 P2P 保險平台，開發商業交易、汽車、財產、健康以及壽險相關保險商品，並找來社群夥伴為其背書。

代幣小檔案

ICO 代幣名稱： IPL

ICO 代幣初始價格： 1IPL = 0.1USD

ICO 代幣發行地區： 列支敦士登

ICO 代幣銷售開始日： 2018.01.16

ICO 代幣銷售結束日： 2018.01.16

ICO 代幣募資總額： 約 18,000,000 美元

ICO 代幣現值（2018.10.17）： 約 2,188,636 美元

Fusion$360

上網搜尋 InsurePal ICO
相關資訊

https://lastmile.fusions360.com/
market/detail/7cde2cf14634f93
5a33a671e922425778242b82f

去中心化的保險　找社群夥伴來背書

InsurePal 利用區塊鏈、智能合約以及保證人機制，打破傳統保險市場的道德風險、逆選擇以及產業中的高摩擦。社群背書機制設計希望劃分信用不同的客戶市場，讓有擔保人、信用較好的客戶能以較低的成本購買保險商品，也同時利用擔保人、社群評分制度降低違約風險。

在 P2P 保險中的所有成員可以審核彼此的保險，共同決定申請者能否加入，以透明、互助、社群特性鞏固彼此的信任感，這也是傳統型保險比不上 P2P 保險的最大特色。而在區塊鏈技術出現後，這樣的信任機制有了更穩固的基礎，因為智能合約解決了保險中最重要的契約問題。

去中心化的保險，找社群夥伴來背書

InsurePal 利用區塊鏈、智能合約以及保證人機制，打破傳統保險市場的道德風險、選擇以及產業中的高摩擦。其中，「InsurePal for blockchain business transactions」和「InsurePal for motor car industry」為平台上最具代表的核心保險產品。「InsurePal for blockchain business transactions」是為互相不認識的企業夥伴間建立信任及保障機制。企業夥伴可簽訂建立保證契約，在智能合約上訂定契約期間及違約規範。若有一方違約，違約方將被罰款，另一方則得到補償。

社群背書機制　降低保險成本

傳統保險服務，事前核保與事後理賠程序曠日費時。除了繁瑣過程外，傳統保險理賠償付有對賭疑慮，增加相關營運等成本，導致保費中附加費用率的增加，甚至理賠更加嚴苛，影響消費者投保意願。

在 InsurePal 平台，保險的二方可以透過信用評比機制降低違約方的信用分數。「InsurePal for motor car industry」服務讓被保人能找一個擔保人，為他的行為作保證，以提高自己在平台上的信用，並降低購買汽車險、產險、壽險等保險的費用。InsurePal 更利用區塊鏈、智能合約以及保證人機制，打破傳統保險市場的道德風險、理賠糾紛。透過去中間化的方式增進效率，並降低消費者購買保單的成本。

破壞式創新

智能合約創造去仲介化

保險市場規模有多大？根據《富比世》雜誌（*Forbes*）的統計資料，全球保險總市值超過 700 萬兆美元，保險市場商機龐大。即使隨著科技創新，共享經濟快速崛起為傳統保險產業帶來威脅，擴大產險市場仍可讓保險產業維持營收成長。

InsurePal 利用區塊鏈的智能合約，創造去仲介化的 P2P 保險平台，不但節省一大部分傳統保險公司的營運成本，同時也用社群背書機制有效降低客戶的違約風險。保險中的現金流和合約簽訂，均在區塊鏈上以虛擬貨幣流動及智能合約被安全的記載儲存；社群背書機制能有效的劃分信用不同的客戶市場，讓有擔保人、信用較好的客戶能以較低的成本購買保險商品，也同時利用擔保人、社群評分制度降低違約風險。

IPL 代幣生態圈介紹

IPL 生態系統包含平台、被保人以及保證人等角色，被保人可以用 IPL 虛擬貨幣購買保險商品。如獲保證人的信用卡背書，被保人可以支付較低的保費，保證人同時能獲得 IPL 幣作為獎勵金。如果被保人最後違約，保證人須為被保人支付定額違約金，違約者同時也將受到信用降評的處分。

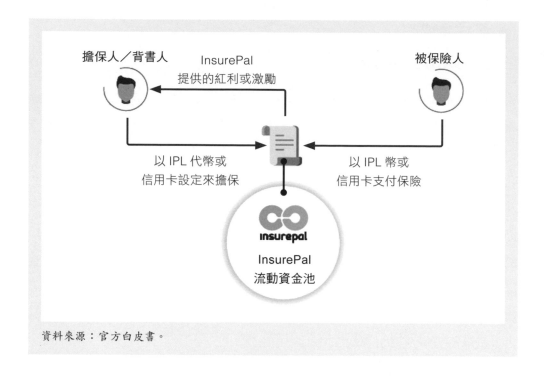

資料來源：官方白皮書。

 上網搜尋 IPL 代幣交易歷史：

https://etherscan.io/address/0x64cdf819d3e75ac8ec217b3496d7ce16
7be42e80

參考資料來源：https://www.insurepal.io/

平台　　企業服務　　基礎建設

Platform　Business Service　Infrastructure

中小企業融資新通道
Debitum

中小型供應商普遍存在向傳統銀行貸款困難的困擾,而區塊鏈技術的出現,使其不須再為融資管道而苦惱。區塊鏈解決貸款過程最重要的信任問題、透過區塊鏈建立的融資生態圈,讓發展的中小企業有了新的融資管道。

代幣小檔案

ICO 代幣名稱: DEB
ICO 代幣初始價格: 1ETH = 7,800 ～ 6,500DEB
ICO 代幣發行地區: 立陶宛
ICO 代幣銷售開始日: 2018.01.25
ICO 代幣銷售結束日: 2018.02.25
ICO 代幣募資總額: 約 17,200,000 美元
ICO 代幣現值(2018.10.17): 約 2,483,942 美元

Fusion$360

上網搜尋 Debitum ICO 相關資訊
https://lastmile.fusions360.com/market/detail/4deecfb5b086cb7c21582aedb2cb06361d311f9d

---

根據世界銀行的調查,目前全球中小企業信貸融資差距共有 1.5 兆美元,也就是說,有數十萬的企業因為條件不夠,而無法在傳統的金融體系中獲得所需資金。為了改善這個不平衡的狀況,Debitum 決定藉由其網路串連全球融資生態的所有關係人來解決這個差距。

區塊鏈因為具有去中心化的特色,對現行金融產業運作模式所產生的破壞性和創新性,可說是影響為最劇烈。Debitum 透過區塊鏈和信託兩大機制,在 Debitum 網路建立一個社群平台,將中小企業借款人、當地和地區性的風險評

估員、文件驗證人、保險公司、世界各地的投資人連結到 Debitum 平台上，打造中小企業融資生態圈，企圖解決全球近 1.5 兆美元的信貸融資差距問題。

破壞式創新

結合虛擬貨幣和實體貨幣　為中小企業融資

長期以來，傳統銀行體系均忽略中小企業的融資問題。相較中小企業，傳統金融機構更願意為大型企業敞開資金大門，服務可以支付大量服務費和利息的大型企業。而一般中小企業，由於財務管理能力較缺乏，加上資訊取得不易，在傳統金融面臨徵信成本居高不下的現實情形之下，往往不願意對中小企業進行融資貸款。

Debitum 主要透過三種方法來解決中小企業融資問題。第一，透過區塊鏈技術達到「真正的去中心化」。在融資生態圈的服務提供者，會依相似的服務項目分成不同的群體，在平台上接受評價進而提供服務。

第二，為了達到「融合虛擬貨幣和實體貨幣」的目的，Debitum 借款的本金和利息都是以實體貨幣為計價單位。Debitum 使用「法定貨幣協調系統」（Fiat Facilitator）將必要的借款相關費用資料記錄在區塊鏈上。

第三，為保障借貸雙方，Debitum 設有「信託」的功能，Debitum 會利用以太坊的智能合約來連結處理每一個交易。

Debitum 主要營運模式是透過信託服務，處理仲裁的智能合約，收取服務相關費用。但隨著社群規模不斷的擴大。Debitum 營運模式將有更多樣的發展。因此，Debitum 為傳統金融機構所忽略的中小企業提供充足的資金來源，解決了資金難題。

DEB 代幣生態圈介紹

　　DEB 生態系統包括社群、投資者、服務提供商（包含信評公司、保險公司等）、借款人與法定貨幣協調系統。投資者將使用服務提供商所提供的融資投資相關服務，進行風險評估與管理，並經由「信託套利系統」的確認借款給貸款人。貸款人將向投資者借款並使用提供者的服務，並一樣通過「信託套利系統」進行確認。服務提供商將為社群提供專業服務，並獲得收入。最後，法定貨幣協調系統會協助投資者與借款人之間以法定貨幣完成借貸交易，並將法幣轉帳交易也記錄到區塊鏈中。

　　DEB 平台設計了下列幾種營利方式：首先借款者和金融資產創始人會在獲得融資的過程時，付款給平台上相關的服務廠商、投資者也會為了獲得特定的 DEB 服務而付款、最後則是信託仲裁的智能合約進行相關服務的收費。

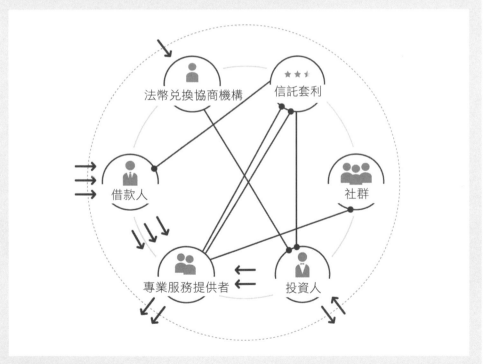

資料來源：官方白皮書。

上網搜尋 DEB 代幣交易歷史：

https://etherscan.io/token/0x151202c9c18e495656f372281f493eb769
8961d5

參考資料來源：https://debitum.network/

商業服務　　平台

Business Service　　Platform

把愛心真正捐給需要的人

AidCoin

追蹤善款金流協助　慈善機構取信捐款大眾

傳統的慈善捐款體制中，所有金錢均沒有識別性，但區塊鏈技術讓每一塊錢都被標記，捐款人透過網路，就可以直接追蹤捐款金流流向，善款的使用都一清二楚。

代幣小檔案

ICO 代幣名稱：AID
ICO 代幣初始價格：2,000AID = 1ETH
ICO 代幣發行地區：瑞士
ICO 代幣銷售開始日：2018.01.16
ICO 代幣銷售結束日：2018.02.01
ICO 代幣募資總額：約 15,854,305 美元
ICO 代幣現值（2018.10.17）：約 2,170,677 美元

Fusion$360

上網搜尋 AidCoin ICO
相關資訊
https://lastmile.fusions360.com/
market/detail/766f5f1d44140fff
28b359f2a43ef1f2d48c758a

AidCoin 協助慈善機構取信捐款大眾

　　時聞慈善團體捐款財務不透明，使民眾質疑善款是否被正當運用的情況。事實上，捐款人應該都想知道自己的捐款流向哪裡，是否幫助到真正需要幫助的人？ AidCoin 是一種 ERC20 代幣，成立目的是追蹤捐款流向，讓捐款帳目全面透明化，將非營利化的社群連結在一起，真正做到可使捐款大眾信任的區塊鏈服務平台。

　　AidCoin 所提供的服務是設立一個內部的交易所，把捐贈者與所有非營利部門所有參與者聯繫起來，並且把主要加密貨幣（如比特幣、以太幣）都變成 AidCoin 的內部錢包，儲存在平台上。藉由以太坊區塊鏈底層技術智能合約的認證以及 AidCoin 平台來幫助捐款人追蹤捐款流向。同時，此平台具備 AID Pay 小額支付管道，讓慈善團體可以在平台上收到不同種類的加密貨幣捐款後，全部及時交換為 AID 幣。

智能合約及虛擬貨幣　追蹤捐款流向

　　根據統計，目前在全球非營利組織相關產業估計有 2 兆美元。但近年來，這些非營利組織面臨貪腐醜聞、詐騙、假支出、高額人事管理經費和濫用資金等質疑，導致民眾對於非營利組織逐漸失去信心，影響捐款意願，非營利組織的募資狀況每況愈下。因此，不少慈善機構開始尋找更好的方法，讓募款帳目更加透明，並能提供捐款者每一分善款的流向。

　　AidCoin 的服務體系以區塊鏈技術為基礎，透過智能合約及虛擬貨幣二項機制提供帳戶透明度。由於區塊鏈上的資料不能竄改，也不受主要電腦控制，可以防範有心人士動手腳。捐款人在捐款給非營利組織後，知道自己的捐款如何被該組織使用，為捐款者監督每一分錢的流向。慈善機構所有財務訊息在這平台上，可完整地揭露給捐贈者，重拾大眾信心。

　　此外，在區塊鏈的技術下，AidCoin 透過分散式帳本技術，跳過了中間商，做到去中心化，降低捐款過程的人事及作業作本，提升整體效率。智能合約將可以讓捐款人在捐款之前就確認捐款的最終流向，如果捐款流向不符捐款者的預定的條件，捐贈者可以透過智能合約隨時收回捐款。如此一來，慈善機構就會善用每一筆善款，真正幫助到需要的身上。

　　AidCoin 商業模式為收取服務費，目前營收來源有三：（1）「交換費用」，是收取通過 AID Pay 發送的每筆金額的特定百分比；（2）「發送並通知費用」，會收取通知的固定金額；（3）「智能合約模板」，是通過合約或固定費用所籌集捐款總額的百分比費用。

AID 代幣生態圈介紹

　　AID 生態系統包括捐助者、平台、AidGift 創建者和慈善機構。捐助者向特定的慈善機構捐贈 AID，但首先存儲在 AIDPool 中，他們會收到 AidGift 並使用它來追蹤捐贈款項的流動。 AidCoin 平台在 AidGift 中創建一個功能、幫助捐助者監督他們的慈善事業並製定 AidCoin 的貨幣政策。慈善機構則是從平台獲得援助以外，他們也需要提供籌集資金的原因以及資金在未來如何被使用的計畫。

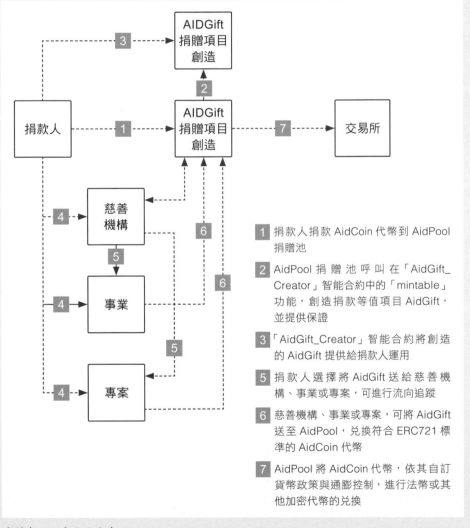

1 捐款人捐款 AidCoin 代幣到 AidPool 捐贈池

2 AidPool 捐贈池呼叫在「AidGift_Creator」智能合約中的「mintable」功能，創造捐款等值項目 AidGift，並提供保證

3 「AidGift_Creator」智能合約將創造的 AidGift 提供給捐款人運用

5 捐款人選擇將 AidGift 送給慈善機構、事業或專案，可進行流向追蹤

6 慈善機構、事業或專案，可將 AidGift 送至 AidPool，兌換符合 ERC721 標準的 AidCoin 代幣

7 AidPool 將 AidCoin 代幣，依其自訂貨幣政策與通膨控制，進行法幣或其他加密代幣的兌換

資料來源：官方白皮書。

AID 代幣發行狀況

AidCoin 預定要發行約 1 億個 AID 代幣，用來進一步發展生態系統並構成未來貨幣政策中使用的儲備基金約 10%、未來的花費、合夥、商業發展、行銷和策略性收購會得到約 27%。

上網搜尋 AID 代幣交易歷史：https://etherscan.io/token/0x37e878 9bb9996cac9156cd5f5fd32599e6b91289

參考資料來源：https://www.aidcoin.co/

虛擬貨幣　　慈善

Cryptocurrency　　Charity

基於混合區塊鏈的全球貿易金融
XinFin

政府投入交通運輸、電力、水、電信等基礎建設，往往需要龐大資金預算。而透過區塊鏈的募資計畫提供了另一種投資管道，從物聯網公開公共建設的執行進度，有效提高政府施政的透明度與效率。

代幣小檔案

ICO 代幣名稱：XDCE

ICO 代幣初始價格：133,000XDCE = 1ETH

ICO 代幣發行地區：新加坡

ICO 代幣銷售開始日：2018.02.05

ICO 代幣銷售結束日：2019.03.15

ICO 代幣募資總額：約 15,000,000 美元

ICO 代幣現值（2018.10.17）：約 4,961,963 美元

Fusion$360

上網搜尋 XinFin ICO 相關資訊

https://lastmile.fusions360.com/
market/detail/8a2482adfe84647
4d4a26577d1d95876e7656612

混合區塊鏈的公鏈及私鏈優點　適合企業使用

混合區塊鏈由公共區塊鏈（所有參與者都是其中的一部分）和私有區塊鏈（也稱為許可網絡）組成，由集中機構限制被邀請的參與人。

私有區塊鏈生成在公共區塊鏈上儲存和驗證的 hash 鏈結紀錄。私有區塊鏈的好處包括提供更快的交易速度，數據及內容的隱私以及對提供區塊鏈訪問的集中控制。

混合（Hybrid）區塊鏈提供了一種企業可以使用的區塊鏈解決方案，它更適合高度監管的企業和政府，因為它使企業能夠靈活地控制需要保密的數據，而不是在公共分類帳上進行共享。公共區塊鏈目前也無法滿足更快的交易速度、安全性和可審計性功能的運營需求。

大型企業希望區塊鏈能夠帶來好處，但不想避開公共區塊鏈的相關風險。特別是區塊鏈仍然是不斷發展中的新興型態。

運用區塊鏈　投資政府基礎建設

XinFin 是一個提供投資人能自由投資政府基礎建設的平台（TradeFinex）。投資者透過平台所發行的 XDCE 幣與募資專案的智能合約來支付投資政府基礎建設的資金，經由物聯網技術，可即時監督所投資的建設專案的工程進度與狀態。由於使用的投資工具是虛擬貨幣，公共建設的投資者不再受限於本國人，也能吸引更多跨國的潛在投資者。

無論是在已開發國家或未開發國家中，政府的基礎建設可以說是規模最大，也是影響該國總體經濟最多的投資計畫。基礎建設牽涉到交通運輸、房地產、電力、水、電信等系統，種類與影響層面非常廣泛，與國家的經濟成長環環相扣。

然而，有許多因素會導致投資基礎建設受到限制。像是特定基礎建設的性質、對傳統投資客的限制、缺乏全球金融市場投資媒合管道、因跨境時區導致延遲，還有法令等等因素，都會影響基礎建設相關的交易投資的效率。

破壞式創新

點對點跨界交易　取代仲介商的角色

　　XinFin 是一個非營利組織，結合全球許多政府組織，TradeFinex 平台提供工具讓投資客執行以區塊鏈技術為立基的道管，讓投資人與政府部門、買家與供應商之間可以進行 P2P 的交易，打破以往政府部門在基礎建設募資的障礙，提升效率低落等問題，有利於政府對外募資發展基礎公共建設，而且不會造成國庫的負擔，消除一般投資人在參與投資政府基礎建設時的種種障礙。

　　在 XinFin 平台上，所有交易及財務合約均採用以區塊鏈為基礎的智能合約來規範，增進簽約效率，同時提高合約保存的安全性。投資人透過網路就可以即時查閱監控基礎建設的進度及完成狀態。此外，XinFin 平台提供跨國界的支付系統，取代仲介商的功能，去中間化、分散式的概念，一般大眾也能進入投資門檻，大幅增進交易效率。

XDCE 代幣生態圈介紹

　　XDCE 生態圈了包含平台、資金受益者（政府）以及投資人等角色。這裡的資金受益者指的就是政府。當政府有一項需龐大資金的政策主張，可能假以時日才能回收利益，政府將投資計畫上傳至 TradeFinex 平台上公開募集投資人。投資人可以在平台上對有興趣的計劃提出申請參與投資。成交後，政府和投資人雙方透過以區塊鏈為基礎的智能合約，以 XDCE 幣支付投資金額以及其他費用。當合約完成後，智能合約關閉，雙方互相進行評價。

　　以某國想要建設太陽能發電基礎建設為例，政府將這個建設計畫的完整說明放到 TradeFinex 平台，開放媒合全球的投資客來投資，平台上使用 XDCE 幣交易，雙方簽定智能合約。建設過程投資、受益雙方皆可透過網路瞭解工程的進度，計畫完成後，從眾多使用者收費用，透過合約的銀行賬戶同樣以 XDCE 幣回饋給投資者，完成整個生態圈的循環。

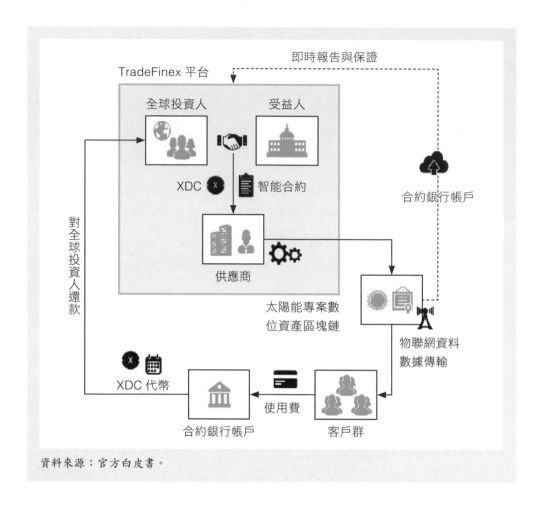

資料來源：官方白皮書。

上網搜尋 XDCE 代幣交易歷史：

https://etherscan.io/address/0x41ab1b6fcbb2fa9dced81acbdec13ea63
15f2bf2

參考資料來源：https://www.xinfin.org/

平台	銀行	投資	企業服務	基礎建設
Platform	Banking	Investment	Business services	Infrastructure

牲畜業活體資產區塊鏈
Sentinel Chain

Sentinel Chain 是全球第一個提供牲畜業金融綜合服務的 B2B 平台，透過多項新穎技術，資產化牲畜價值，以牲畜抵押方式將活體資產代幣化，並將畜牧業導入區塊鏈，解決畜牧場的融資問題。

代幣小檔案

ICO 代幣名稱：SENC

ICO 代幣初始價格：1SENC = 0.08USD

ICO 代幣發行地區：新加坡

ICO 代幣銷售開始日：2018.03.01

ICO 代幣銷售結束日：2018.03.10

ICO 代幣募資總額：約 14,400,000 美元

ICO 代幣現值（2018.10.17）：約 1,910,633 美元

Fusion$360

上網搜尋 Sentinel Chain ICO 相關資訊

https://lastmile.fusions360.com/
market/detail/2befa7a8843b627
c5108eec5f153579dc7c1b80a

全球第一個 B2B 牲畜資產區塊鏈

畜牧業最大的資產當然是擁有活體的牲畜，但傳統金融體系並未接受牛、羊、豬、雞等牲畜作為抵押品，讓畜牧業在融資或申請各種金融服務時候相當不容易。Sentinel Chain 是全球第一個以畜牧業為抵押物的全球 B2B 金融服務市集。

這是一個聯盟型的區塊鏈，在分散式的情況下連接全球各地 CrossPay 區塊鏈，進行運作與管理。Sentinel Chain 創建一個軸輻式（hub-and-spoke）生態系統，發展出一套低成本的跨境融資金融基礎設施，提供沒有銀行帳戶或是無法受合理金融對待的人或產業的金融服務。

Sentinel Chain 是全球 B2B 的金融市場平台，提供合理可負擔及安全的金融綜合服務，最特別的是接受牲畜作為融資的抵押品，讓牲畜業者可以獲得合理的金融服務，其最終目標是希望開放透明的市場，整合國際金融服務公司，進一步對社會做出經濟貢獻。

追蹤防竄改的牲畜識別標籤

Sentinel Chain 透過發行 SENC 幣作為牲畜資產化代幣，並以 LCT（Local Currency Token）代幣，作為與外國資產交換的媒介貨幣。在聯盟區塊鏈裡，對於任何希望向特定地理區域會員社群提供金融服務的金融機構，都須使用 LCT 與 SENC 幣來進行對價交換，LCT 用來支付在當地區塊鏈上所發布的牲畜抵押貸款協議。如此一來牲畜抵押貸款協議可以追蹤該牲畜主人身份以及防竄改的牲畜識別標籤；透過 LCT，也將可享有保險、貸款、抵押服務、眾籌募款、參與社群計畫和電子支付等六大服務。

破壞式創新

將呆滯資本轉變為可替代資產

Sentinel Chain 透過創造一個流程，可將牲畜從「呆滯資本」轉變為具有透明和明確定義價值的可替代資產，以及建立一個透明開放的市場，串聯沒有銀行帳戶或無法享有合理金融服務的畜牧業者與全球金融服務公司對接，解決市場無法將牲畜資產化的問題，以能利用牲畜作為融資抵押品來籌措資金。

　　Sentinel Chain 生態圈主要由 5 個主要程序組成：（1）牲畜識別標籤；
（2）CrossPay 行動應用；（3）CrossPay 區塊鏈；（4）Sentinel Chain 平台；
（5）Sentinel Chain。

　　首先，透過 RFID 標籤引入實體防竄改和數字不可變系統，藉此將活體牲
畜變成可以明確定義價值的可替代資產。

　　過程中，Sentinel Chain 藉由分散式管理內部運作及與多個 CrossPay 區
塊鏈連接來完成，其中 CrossPay 區塊鏈是一個以當地區域環境管理和營運的
B2C 金融生態系統，透過 Sentinel Chain 和 CrossPay 區塊鏈的共同運作創立一
個低成本跨境金融基礎設施的輻射狀生態系統。

　　透過國際金融服務 CrossPay 網絡，可向當地無銀行帳戶或無法合理享有
金融服務的人群提供金融服務並提高資本流動性。這項創新技術解決方案不僅
解決了畜牧業者面臨牲畜為呆滯資本的困境，更進一步釋放其經濟價值。

SENC 代幣生態圈介紹

　　以 SENC 加密貨幣為交易媒介的 Sentinel Chain 生態圈，參與者包括國際金融
服務公司、Sentinel Chain 區塊鏈平台、CrossPay 區塊鏈平台、當地金融服務需求
者（畜牧業者）。以 SENC 幣作為外國資產和 LCT 幣之間的交換媒介，任何希望
向聯盟中特定社群提供金融服務的金融機構，都必須使用 SENC 幣作為 LCT 幣的
對價交換，同時以 LCT 幣來支付在當地 CrossPay 區塊鏈上發布牲畜抵押貸款協
議，如此一來牲畜抵押貸款協議將可追蹤當地該牲畜主人身份以及防竄改牲畜識
別標籤。

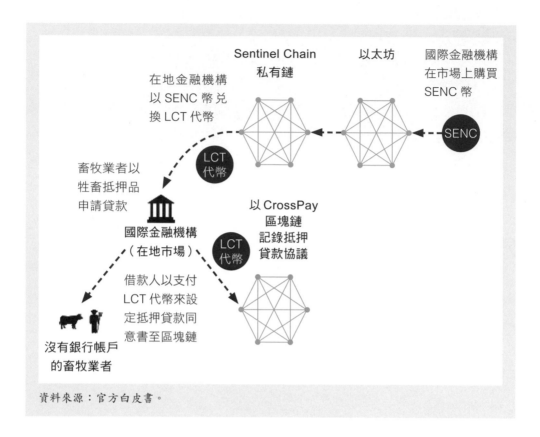

在地金融機構以 SENC 幣兌換 LCT 代幣

Sentinel Chain 私有鏈

以太坊

國際金融機構在市場上購買 SENC 幣

SENC

LCT 代幣

畜牧業者以牲畜抵押品申請貸款

以 CrossPay 區塊鏈記錄抵押貸款協議

國際金融機構（在地市場）

LCT 代幣

沒有銀行帳戶的畜牧業者

借款人以支付 LCT 代幣來設定抵押貸款同意書至區塊鏈

資料來源：官方白皮書。

上網搜尋 SENC 代幣交易歷史：

https://etherscan.io/address/0xa13f0743951b4f6e3e3aa039f682e17279f52bc3

參考資料來源：https://sentinel-chain.org/project/

銀行	商業服務
Banking	Business Services

貿易融資區塊鏈
ModulTrade

利用數位科技　協助中小型企業進行全球貿易

在全球的貿易市場上，微型及中小型企業一直是活躍的主力，商機相當龐大。但多年來，中小企業相對規模較小，導致融資不易、容易產生貿易障礙。根據估計，由微型及中小型企業提出的貿易融資有 56% 遭拒，而大型跨國企業則是 7%。這龐大的融資缺口，影響中小企業國際市場運作。但在區塊鏈技術下，成功地解決二大難題——信任及融貸款，開始改變全球貿易生態。

代幣小檔案

ICO 代幣名稱：MTR

ICO 代幣初始價格：1MTR = 0.001428ETH

ICO 代幣發行地區：新加坡

ICO 代幣銷售開始日：2017.11.28

ICO 代幣銷售結束日：2018.01.30

ICO 代幣募資總額：約 12,200,055 美元

ICO 代幣現值（2018.10.17）：未公開銷售

Fusion$360

上網搜尋 ModulTrade ICO
相關資訊

https://lastmile.fusions360.com/
market/detail/9a87f1aea4948c4
4e7d2a5d6d3974ec67425f96d

區塊鏈信任機制　提供貿易融資最佳解方案

隨著供應鏈在全球各地延伸，買家和供應商成為跨越國界是企業發展的必然現象，而資金流通也成為貿易過程重要關鍵。ModulTrade 正致力創建 MVE（ModulTrade Value Ecosystem）平台系統，並在平台中應用區塊鏈的特性結合現實的交易程序，以解決中小企業在融資貸款的難題，推動全球貿易融資的普及化。

ModulTrade 透過智能合約及 MTR 幣來取代傳統的擔保及融資現金。其智能合約如同託管代理人一般，買家存入智能合約的資金會先被凍結，直到賣家出貨、買家收到貨，雙方同意交易成功後，資金才會被釋放給賣家。也就是說，ModulTrade 智能合約扮演著值得信賴的中間人的角色，在現實市場中取代傳統銀行或市場代理商，解決中小企業普遍須面對的昂貴信用成本。

破壞式創新

以 MTR 幣進行交易　連結生態圈

ModulTrade 致力成為 B2B 貿易的去中心化區塊鏈交易平台，與其他平台不同的是，ModulTrade 提供區塊鏈上的信用憑證，不需要任何銀行的參與。解決進入全球市場的貿易障礙外，ModulTrade 同時將服務帶入 B2B 的貿易生態圈，如物流、貿易融資、保險和代理報關。

在 MVE 生態系內，所有的交易都透過 MTR 幣進行，所有費用都須以 MTR 幣支付。ModulTrade 生態系統也讓第三方，如保險業者或物流業者，可以和生態圈內的參與者建立連結，整合自己的科技金融解決方案，降低開發客戶的成本。

B2B 貿易去中間化　降低貿易障礙

ModulTrade 建立價值生態系統 MVE，主要透過智能合約、提供貿易相關服務、聲譽網絡和市集將全球貿易參與者串連在一起。首先透過智能合約取代銀行的信用狀（Letters of Credit）和銀行擔保（Bank Guarantee），提供生態系統內的參與者一個可信賴的、具成本效益的服務。

ModulTrade 也提供貿易相關服務，透過第三方業者，提供支付、物流、融資和記帳等作業環節，來簡化交易的執行。另外，ModulTrade 也一套聲譽網絡合作機制：微型和中小型企業將以其聲譽資本為基礎，ModulTrade 以 MTR 幣的形式為其提供資金和擔保，滿足了小型企業的對於資金需求，但每個持有 MTR 幣的用戶，皆須以聲譽網路取得交易所需的保證金和融資費用。當然，每個用戶都能在 ModulTrade 網路市集中，找到全球可靠的交易對象，並做出最佳的商品和價格選擇。

區塊鏈技術雖不能提供信用，卻能記錄信用，ModulTrade 系統內存在信用資本（Reputation Capital）就是用來量化用戶聲譽價值，並作為使用者付出努力的報酬。隨著聲譽資本的不同，資金和抵押品的授與的審核時長也會有所不同，對生態圈內的參與者來說，聲譽資本就是影響資金授權的重要關鍵。

MTR 代幣生態圈介紹

MTR 幣是 ModulTrade 所發行的代幣，在 ModulTrade 的 B2B 多向平台是連結起用戶和交易的重要元素，代幣可以作為價值交換、貨幣、第三方業者的使用費和連結全球貿易網路的工具。生態圈包含賣方、買方、第三方業者，以及智能合約平台。

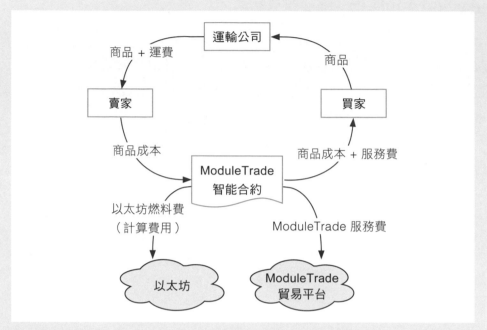

資料來源：官方白皮書。

　　然而，持有 MTR 幣不代表具有 ModulTrade 公司的參與權或股利。MTR 幣的需求將受到 ModulTrade 網絡增長的推動，通過 ModulTrade 網絡進行的貿易交易越多，MTR 幣的需求就會增加，進而改善生態系統內的貿易流動。

上網搜尋 MTRc 代幣交易歷史：

https://etherscan.io/address/0xf0e26556f9c9c1189fcc565318c1099bb30bec05

參考資料來源：https://modultrade.com/

平台	商業服務	零售	貿易
Platform	Business Service	Retail	Trading

票據融通市場
iPopulous

區塊鏈塑造了全新的票據融通市場樣態。iPopulous 是全球第一個直接配對票據融通者與資金投資者的分散式區塊鏈平台，提供 P2P 的票據融資交易。

代幣小檔案

ICO 代幣名稱：PPT
ICO 代幣初始價格：1PPT = 0.25美元
ICO 代幣發行國家：英國
ICO 代幣銷售開始日：2017.07.24
ICO 代幣銷售結束日：2017.07.24
ICO 代幣募資總額：約 10,220,400 美元
ICO 代幣現值（2018.10.17）：約 123,989,392 美元

Fusion$360

上網搜尋 iPopulus ICO
相關資訊
https://lastmile.fusions360.com/
market/detail/4886826c4524b2
7552d6d3448718c092b1c31728

中小企業票據融資也可以 P2P ？

　　過去，中小企業要融資，往往需要藉由金融機構的媒合才能進行，然而中間過程不僅需要支付高額手續費，繁複的申請過程、篩選條件常讓企業無法及時獲得周轉資金。iPopulus 建構了一個票據融資交易的分散式平台，讓中小企業的票據（商業發票）可以進行買賣轉讓，並設計了信評機制。

　　iPopulous 是一個利基於區塊鏈技術的全球性 P2P 票據融通平台，提供有別於傳統的票據融通方式，去除第三方的媒合服務，使得票據融通者及票據投資人可以直接進行金流交易。此外，iPopulous 更藉由使用 XBRL、Z-Score、

智能合約及穩定的加密貨幣等完善機制，為投資者創建一個不為地理條件所限，可以隨時隨地進行融通交易的市場環境，而所有在平台上註冊交易的票據也都透明地記錄在以太坊區塊鏈中，消除了錯誤和誤用的可能性。

在 iPopulous 平台的資金皆以 Poken 形式流通，Poken 是平台內部發行的加密貨幣，同時也是平台用來連接票據融通者及票據投資者金流往來的唯一加密貨幣。Poken 最大的特色價值是採取釘住法定貨幣，而 Poken GBP 是目前釘住英鎊法定貨幣且在平台上使用中的貨幣，如果代幣持有人想將代幣轉變為其他形式自 iPopulous 平台提出，Poken 也可以根據現行貨幣匯率變現成任何法定貨幣，或是轉換成其他基底穩健的加密代幣，例如比特幣或以太幣等。

破壞式創新

全球第一個票據融資交易分散式平台

在過去，中小企業要融通短期資金往往需要藉由銀行和其他金融機構的媒合才能進行，然而中間過程不僅需要支付高額手續費，繁複的申請過程、篩選條件更讓企業無法及時獲得周轉資金。現今，iPopulous 建構了全球第一個票據融資交易的分散式平台，為全球中小企業所面臨的短期資金周轉問題提出解決方案。

為了解決該問題，iPopulous 建構了兩大主要運行機制：XBRL 及 Z-Score。Populous 使用 XBRL 後端資料庫作為其內部信用參考系統和執行針對性行銷資料庫的一部分，並從 XBRL 搜索引擎提取有用數據使 Populous 得及時分析、預測多種產業趨勢。

透過結合 XBRL 數據和 Z-Score Formula 的功能，iPopulous 不僅免除了使用外部信貸諮詢機構的需求，還能夠有效地找到需要現金流的潛在企業，針對該企業進行針對性行銷。而透過在 iPopulous 平台交易的財務數據紀錄分析，

也讓投資者得以找到合適的投資標的，而票據融資者也可以較低的短期融通成
本來獲得營運周轉金。

建立信評機制　篩選企業破產違約機率

　　為降低投資人風險，iPopulous 也設計了 Z-score 機制提供三種預測篩選
標準，包括：（1）兩年內企業破產的可能性高低；（2）企業的違約機率；
（3）企業面對財務困境的管控。藉由篩選體質不良的企業，讓投資者得以找到
合適的投資標的，而票據融資者也可以較低的短期融通成本獲得營運周轉金。

　　Poken 是 iPopulous 平台上用來連結票據賣方和買方之間移轉價值的唯一
加密貨幣，Poken 的特色在於它的價值是釘住法定貨幣，舉例來說，目前在平
台上現行使用的基礎加密貨幣是 Poken GBP，當平台使用者要換取 Poken GBP
時，用 1 英鎊就可換得 1 Poken GBP，以此類推。

　　此外，代幣持有人也可以將他們的 Poken GBP 換成釘住其他法定貨幣的
Poken。而當代幣持有人想要從平台上抽離資金時，Poken 也可以變現為任何
政府認證的法定貨幣或是其他基底穩健的加密貨幣，例如比特幣和以太幣。

　　iPopulous 透過免除第三方媒介服務的高額成本以及對第三方信貸諮詢機
構數據的依賴，預期未來 iPopulous 的資料庫將可投入更多應用，除了將潛在
客戶導入平台，更能為所有平台使用者創造更多價值。

PPT 代幣生態圈介紹

　　PPT 生態系統包括票據融通者、票據投資者和 iPopulous 平台。運作最初，借
款人與投資者皆必須以法定貨幣存款於 iPopulous 平台來換取 Poken，之後當雙方
交易成立，投資者將移轉 Poken 到融通者帳戶以換取票據債權，而當約定期限到
期後，融通者必須將本金及利息以 Poken 形式移轉給投資者來贖回票據。

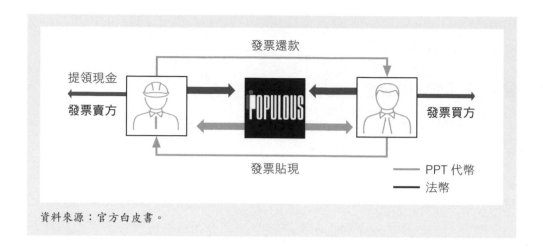

資料來源：官方白皮書。

上網搜尋 PPT 代幣交易歷史：

https://etherscan.io/address/0xd4fa1460f537bb9085d22c7bccb5dd45
0ef28e3a

參考資料來源：https://populous.world

平台	商業服務

Platform	Business Service

基於加密貨幣的商業發票融資平台
Hive

提供中小企業應收帳款融資的去中心化平台

對中小企業而言，應收帳款一旦收款期限過長或延遲支付，流動性資金就會出現缺口；如果將商業發票證券化，則可將收款權利以較低價售予保付代理公司，讓中小企業提早取得流動性資金。Hive 看見了中小企業不會將小額發票拿去融資，或是大企業不願將發票收款權轉讓給第三方的市場缺口，運用區塊鏈信任機制，並整合 ERP 系統認證商業發票，並引進小型數位化投資人資金，讓應收帳款證券化與保付代理作業自動化、效率化，解決融資難問題並創造商機。

代幣小檔案

ICO 代幣名稱：HVN
ICO 代幣初始價格：1HVN = 0.0227USD
ICO 代幣發行地區：斯洛維尼亞
ICO 代幣銷售開始日：2017.07.03
ICO 代幣銷售結束日：2017.08.14
ICO 代幣募資總額：約 8,949,421 美元
ICO 代幣現值（2018.10.17）：約 9,649,506 美元

Fusion$360

上網搜尋 Hive ICO
相關資訊

https://lastmile.fusions360.com/
market/detail/c45ebf96612ffdfc
9fcbcea54ba509d4bc73b05b

解決應收帳款現金缺口

傳統的商業發票融資程序繁複、申請時間冗長，中小企業不太會將小額的商業發票拿去融資；而有些大型企業更不允許將發票轉讓給第三方，以減少人員工作量增加和支付錯誤帳戶的風險。

應收帳款期間過長、現金出現缺口，這一直是企業面臨的難題。但在區塊鏈技術下，這些難題已有解方。Hive 應用以太坊區塊鏈和智能合約進行商業發票的識別，也就是將發票代幣化，放在區塊鏈中，讓企業可以從他們期限過長的應收帳款中獲得融資。

透過這個方法，Hive 可以證券化應收帳款，並將未來收款的權力以低於市價賣給保付代理公司。代理公司會在應收到期後，收取最後的款項。此一機制，可讓中小企業自動化與快速地獲得臨時的流動性和資金，支付公司各項費用、購買新的材料和發放薪水。同時，公司的財務機密資訊也獲得了科技的保障。

破壞式創新

區塊鏈把商業發票智能化　透過應收帳款權力取得融資

過去，中小型企業要取得短期融資受到很大的限制，銀行會在同意融資前，要求特定的擔保品和大量的文件，導致部分中小企業無法獲得周轉所需要的資金，造成巨大的融資缺口。根據統計，目前商業發票融資的市場約是 3 兆美元的商機，這個痛點成為區塊鏈最大的切入點。

Hive 有數種針對商業發票融資相關問題的解決辦法。由於商業發票的保付代理需要面臨辨認的問題。Hive 通過「ERP 連接器」和「區塊鏈去自動化」來確認全部發票的正確性。同時，Hive 專案項目把公司的財務資訊變成

融資時債權人的風險溢酬因素、（例如，財務資訊若不夠透明，會提高借款利率），提供誘因，鼓勵借款方揭露財務資訊。

分散式自治執行公司各項職能

為了揭露更多資訊，Hive 在代幣化之前，會製作一種名為可擴展商業報告語言（extensible business reporting language, XBRL）的國際數位商業報告準則，並使用兩種核心運算法來幫助投資者，包含機會符合與風險評估（opportunity qualification and risk assessment）、基於人工智慧的行為預測信評（predictive behavior credit scoring with artificial intelligence）來評估風險及為信用評分，減少債權人（投資人）的風險。

Hive 會協助使用者將發票加密，寫入區塊鏈，並標記發票、幫助債務人單獨追蹤發票和維護整體系統運作。發票債權人借款給公司，並在發票到期時收到付款。小型數位化投資者則可投資代幣並獲得利息收益。

HVN 代幣生態圈介紹

HVN 生態系統包括發票債權人（貸方）、小型數位化投資者、需要短期資金的公司和 HVN 管理供應商。公司給平台應收帳款並可以獲得發票保理，除此之外還可以獲得其他的商業服務。

HVN 幣持有人會支付代幣給平台以聲明自己的對於商業發票的權利，並獲得某些在 Hive 區塊鏈上有特定財務紀錄的實體信用評分。評價公司或審計人員也會支付 HVN 幣給平台，以獲得在區塊鏈上特定的私有資料。Hive 專案項目平台會將這些獲得的代幣銷回市場，並利用這筆資金資助 HVN 幣的基礎發展。

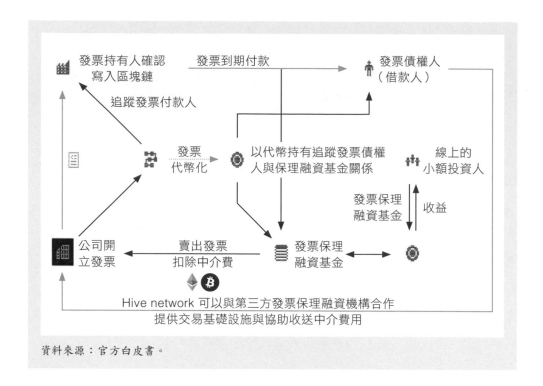

資料來源：官方白皮書。

上網搜尋 HVN 代幣交易歷史：

https://etherscan.io/address/0xC0Eb85285d83217CD7c891702bcbC0
FC401E2D9D

參考資料來源：https://www.hive-project.net/

商業服務　　平台

Business Service　　Platform

廢棄物回收經濟
Global Gold Concerns

廢物回收再利用　募集資金支持人道主義慈善計畫

為募集垃圾掩埋場廢物回收工程計畫及救助生活在垃圾掩埋場的兒童，
GreenFire 公司發行 GGC 幣資產擔保型加密貨幣，透過加密貨幣系統，從垃
圾場進行金屬或礦物的綠色回收，都能變成貨幣，鼓勵社會更多資源投入。

代幣小檔案

ICO 代幣名稱： GGC

ICO 代幣初始價格： 1GGC = 1USD

ICO 代幣發行地區： 不明

ICO 代幣銷售開始日： 2018.02.01

ICO 代幣銷售結束日： 不明

ICO 代幣募資總額： 約 5,602,300 美元

ICO 代幣現值（2018.10.17）： 未公開銷售

垃圾也能變黃金　礦產轉換加值為數位貨幣

　　Global Gold Concerns 是由一家從事全球垃圾掩埋場廢物回收再利用及填
海工程的 GreenFire 公司所發行的資產擔保型加密貨幣平台，其代幣的發行目

的是為了募集「GreenFire 垃圾掩埋場廢物回收工程計畫」和「救助垃圾掩埋場兒童」人道主義慈善計畫的營運資金。

為此，GreenFire 也為廢棄物回收經濟提出一個有前瞻的組織結構和共識管理商業模式。也就是每個垃圾掩埋場廢物回收再利用計畫，都將以一個分散式自治公司（DAC）形式來運作，並由獨立的 GreenFire DAO 實體來決策執行公司各項職能，例如工資發放、派發股息等。

破壞式創新

用黃金擔保 GGC 代幣價值

目前全球各地有超過 3,000 萬人生活露天垃圾場中，主要為受難、貧窮、疾病族群，其中又以小孩和婦女居多。GreenFire 長期幫助這些普遍為社會大眾所忽略的弱勢族群，而為能有效募集 GreenFire 垃圾掩埋場廢物回收工程，並救助生活在垃圾掩埋場的兒童，Greenfire 透過發行資產擔保型加密貨幣 GGC 幣，以尋求更多社會資源。

GGC 幣之定位為全球交易貨幣，透過去中心化，免除與傳統銀行互動的繁瑣過程，同時藉由安全有保障的國際交易機制提供投資者完善的金融服務場域。其中，GGC 幣的擔保資產將由 Green Fire DAO 黃金儲備銀行註冊為儲備資產並保管。

且該儲備資產僅專門用於擔保 GGC 幣價值和 GreenFire DAO 中的資產交換。目前 GGC 幣的擔保資產主要由黃金、加密貨幣及其它固定資產組成，分別佔 40%、20% 及 40%。GGC 幣價值相對穩定，相較於其它價格波動幅度大的加密貨幣，GGC 幣具有避險及風險分散的投資效益。

分散式自治執行公司各項職能

GreenFire 也強調，透過他們專利——綠色工程技術從廢物掩埋場中提取黃金，開採方式為無汙染性的處理技術，又稱為綠色金礦，對環境不會造成二次污染。

在廢物回收再利用計畫中，回收的貴金屬和礦產品都將被 Green Fire DAO 黃金儲備銀行註冊為儲備資產，並加入 GGC 幣的擔保資產池。資產池規模愈大，意味著 GGC 幣將更加穩定、價值也逐漸提高，這也讓 GreenFire DAO 黃金儲備銀行有能力再發行 GGC 幣以募集更多資金從事人道主義慈善計畫。

每項垃圾掩埋場廢物回收再利用計畫將以一個分散式自治公司形式來運行，獨立進行工資的發放及股息的派發等。每項計畫經過評估後，都有發行用以辨識自身項目之獨特色彩貨幣的機會，而這些計畫貨幣還可作為獨立的投資工具，或是作為股息支付以代幣持有人。

GGC 代幣生態圈介紹

GGC 代幣生態系統包括投資者、GreenFire DAO，以及 Green Fire DAO 黃金儲備銀行。GGC 幣是在以太坊區塊鏈上，以黃金和其它固定資產作為擔保的加密貨幣。

GGC 幣的價值，最初是依據 GreenFire DAO 黃金儲備銀行所擁有的資產價值而定，但隨著 GreenFire DAO 之發展所獲得的其他資產，也將被 Green Fire DAO 黃金儲備銀行註冊為儲備資產，如此一來，GGC 幣價值也將隨著擔保資產的增加而上升。

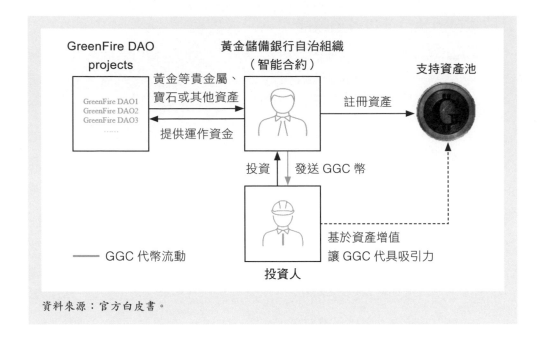

資料來源：官方白皮書。

參考資料來源：https://globalgoldconcerns.com/

（已結束）

加密貨幣

Cryptocurrency

資金互助的標會區塊鏈

WeTrust

早期民間的標會係集眾人的群體力量進行資金互助，這樣的運作模式，現在運用區塊鏈技術產生了新風貌。平台集資過程變得更加安全，資金的流通過程完全透明且無法竄改，不怕受騙而導致血本無歸。

代幣小檔案 ▶

ICO 代幣名稱：TRST

ICO 代幣初始價格：1 TRST = 0.15 USD

ICO 代幣發行地區：美國

ICO 代幣銷售開始日：2017.03.02

ICO 代幣銷售結束日：2017.04.14

ICO 代幣募資總額：約 4,978,366 美元

ICO 代幣現值（2018.10.17）：約 2,567,041 美元

Fusion$360

上網搜尋 WeTrust ICO
相關資訊

https://lastmile.fusions360.com/
market/detail/23dc1c98681776f
8583a34d286004bc80c07625b

分散式的互助儲蓄、貸款和保險平台

互助會（俗稱標會）改用區塊鏈，以群組之力提供個人全新替代金融管道，並引進第三者共同監督，降低徵信成本與倒帳風險。WeTrust 是一個販售金融商品的分散式生態系統。參與者可以自由建立網路標會並邀請朋友參加，每期繳交共同金額的 TRST 幣到資金池，並於每期期末以競標方式，由出價最低者得到本期資金。未標到的資金則扣除 WeTrust 平台抽成服務費，平均返還給參與者。標會結束後，每位參與者都有機會標到一次資金。WeTrust 並利用區塊鏈加上參與者互評的方式，以降低保險商品資訊不對稱等摩擦成本。

區塊鏈互助標會概念

WeTrust 運用區塊鏈技術打造出一個販售金融商品的分散式生態系統。目前唯一一項產品信任貸款圈（trust lending circles, TLC）是以互助會的概念發展出來的平台，結合參與者信用評等、借貸、共同保險的儲蓄或保險等功能。WeTrust 運作使用 TLC 平台發行的 TRST 幣，參與使用者可以使用 TRST 幣來購買 WeTrust 上儲蓄、保險產品，所有運作過程都在區塊鏈加密技術保護下進行。

WeTrust 平台主要貢獻在於透過參與者自主管理的方式，大幅降低傳統金融商品進行信用評比時的大量成本，且提高交易的公平、透明性，讓使用者能拿到條件更好、成本更低的借貸服務商品。

保險市場產值龐大，平均占各國 GDP 的 10% 左右，雖然近年來保費收入成長只有 3%，但隨著經濟復甦，預計民眾對各種壽險商品的需求將回升，特別是在一些成長快速的新興市場。此外，銀行及保險機構除了販售商品外，也扮演著被信賴的第三方角色，因此有較高的毛利率。

破壞式創新

會員自助監督　降低信用評比成本

傳統借貸、保險業因雙方資訊不對稱，借款的消費者有借錢不還、詐領保費等道德危機，金融機構須花費高額成本建立信用評比系統及審核放款。且因借貸保險須藉由金融銀行中間機構，效率低且手續費成本過高。此外，各家保險商品的同值性太高缺乏競爭，契約定型化、年限過長，種種因素都很難滿足消費者需求。

WeTrust 所建立的分散式互助會儲蓄保險平台，透過區塊鏈技術，利用互助會的設計概念讓第三方參與的會員共同監督，也因不需要透過第三方機構審

核參與者的信用，WeTrust 平台僅收取微量抽成，參與者只須支付極低的服務費就可參與 TLC 互助會。

TRST 代幣生態圈介紹

　　TRST 生態系統包含平台、消費者兩種角色。在 TLC 互助會中，WeTrust 平台上消費者可以自由新增資金到資金池裡、建立客製化的合約、開啟新的網路標會並邀請其他消費者參與標會。WeTrust 平台由互助會每個互動會週期運行中抽取 0 至 0.3% 的手續費做為平台營運成本。

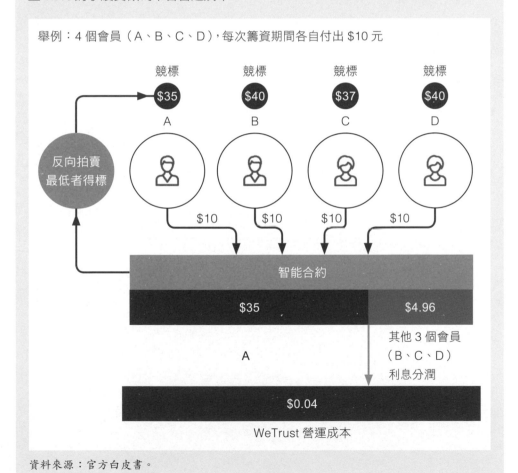

舉例：4 個會員（A、B、C、D），每次籌資期間各自付出 \$10 元

競標 \$35　A
競標 \$40　B
競標 \$37　C
競標 \$40　D

反向拍賣 最低者得標

\$10　\$10　\$10　\$10

智能合約

\$35　\$4.96

A

其他 3 個會員（B、C、D）利息分潤

\$0.04

WeTrust 營運成本

資料來源：官方白皮書。

　　TRST 幣的流通，由互助會參與者每期繳交固定代幣至資金池，期末出價最低者將標得大筆資金，另外，WeTrust 並沒有設置獎勵代幣的制度，因此代幣生態系統相對單純。

 上網搜尋 TRST 代幣交易歷史：

https://etherscan.io/address/0xcb94be6f13a1182e4a4b6140cb7bf2025d28e41b

參考資料來源：https://www.wetrust.io/

平台

Platform

全球化、安全的群眾募資平台
DESCROW

具備控管及安全措施的 ICO 投資平台

ICO 募資常出現投資無法反悔，或募款人收取資金後消失的情形，投資者沒有一定的保障。募款人也可能會高估或低估實際上專案需要的資金，導致低效率的資金募集和不當運用資金等狀況發生。Descrow 使用四種特殊設計的智能合約，讓投資者有權利以表決的方式來決定資金運用的方向與決定。

代幣小檔案

ICO 代幣名稱：DEST

ICO 代幣初始價格：1DEST = 0.001ETH

ICO 代幣發行地區：愛沙尼亞

ICO 代幣銷售開始日：2017.11.29

ICO 代幣銷售結束日：2018.01.27

ICO 代幣募資總額：約 3,869,308 美元

ICO 代幣現值（2018.10.17）：未公開銷售

Fusion$360

上網搜尋 Descrow ICO 相關資訊

https://lastmile.fusions360.com/market/detail/79f574f1136fab561fa435dff868efcf3605c10f

ICO 投資風險大　眾人共同把關

在區塊鏈與智能合約的世界裡，各種角色互動都是透過「交易」進行。尤其在 ICO 募資過程中，因為去中心化，智能合約成為一種新型態的募資方法，募集資金者則可利用區塊鏈支持存在證明特性，設計公開專案發起記錄的

機制,讓募集過程可以節省時間及成本。但相對的,在去中心化後,投資者也會面對傳統募集資金過程中發生的風險問題。

以太幣智能合約　第三方託管概念

透過區塊鏈,資金很容易在沒有周延的思考下,快速且直接支付給募款人;投資者也因為缺乏可以影響募款人或 ICO 專案的機制,造成集資意願低落;此外,也可能有募資方在收受款項後消失的情況,投資者並沒有受到一定的保障。另外,若募款人高估或低估實際上專案需求資金,讓募款專案無法發揮效益,或因不當運用資金而影響投資人信心。

為解決這些問題,DESCROW 則提供了一個利用以太幣智能合約為基礎的平台,運用去中心化、第三方託管和投票的概念,使投資者掌控資金的花費狀況,甚至可以參與整體 ICO 項目發展,提供適當的建議。DESCROW 提出的解決方法,可以成功的讓 ICO 集資市場可以更安全且快速的募資。

破壞式創新

四項資金控管的智能合約　保障資金運用

DEST 運用數種不同的方式,讓投資人充分表達權益。例如,DESCROW設計固定或臨時投票活動、提供計畫執行方和投資方一個獨立的環境,DESCROW 平台用戶可以通過投票權功能直接控制他們的 ICO 項目的開發。創業公司需要尊重支持者的選擇,以便可以獲得下一輪資金,藉此讓投資人可以進而影響 ICO 項目的發展。此外,如果 ICO 整體情況變得不理想,資金提供者也可以提取在代幣凍結分類中的資金。

　　為了達到資金控管目的，DEST 智能合約設計了四個子項目：（1）活化的資金：可以給予 ICO 活動資金；（2）凍結的資金：會在特定狀況下轉變為活化資金；（3）保留資金：與凍結資金的概念相似，主要目的是等待下一個階段需要資金的時候才會轉換；（4）投票權：讓投資者有權利以表決的方式決定整體發展方向。

　　而資金則會被分為三個部分，包括：（1）活躍代幣；（2）凍結代幣；（3）保留代幣。DEST 智能合約機制就像傳統銀行的信託功能。將投資者的資金分為不同部分和時間，對於資金供需雙方權益而言，安全性均高。投資者有權控制整個專案項目，並且可以在特定的狀況下拿回凍結資金；而對於資金需求者而言，則有機會回應投資者的需求、維持專案項目的完整性，以及得到充足的財務支援，並利用 DESCROW 平台的創新機制，降低 ICO 投資風險。

DEST 代幣生態圈介紹

　　DEST 生態圈包括平台、資金提供者和資金需求者。資金提供者的資金會被分為三個部分，包括活躍代幣、凍結代幣和保留代幣，活躍代幣將在籌到款項後發送給資金需求者，但是其他的資金必須在未來通過智能合約，由 ICO 計畫項目程序及在資金需求者的要求下交付給資金需求者。

　　DEST 的收入來自於個別固定的佣金、資金提供者給予的佣金、管理保留盈餘的費用、額外服務的收費、起始費用、使用保留盈餘的額外收費、拍賣新的代幣的費用。

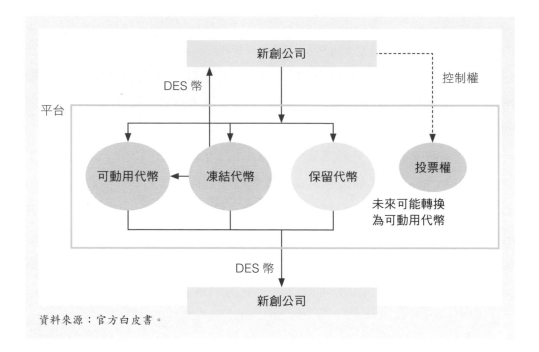

資料來源：官方白皮書。

上網搜尋 DEST 代幣交易歷史：

https://etherscan.io/address/0xbbda1f5899f828735af87e890afc6449f

b90de13

參考資料來源：https://DEScrow.com/

群眾募資　　平台

Crowdfunding　　Platform

新零售篇

打造社群內容挖礦區塊鏈
Mithril

為打破社群平台與用戶之間不平等的現象，Mithril 平台希望讓內容生產者的貢獻有所回饋，依一定的運算法獲得相應獎勵，也就是所謂的社交挖礦（social mining）。台灣經營線上直播社群有成，遂引進社群內容挖礦區塊鏈，並發行秘銀幣（MITH 幣）來獎勵社群內容創作。

代幣小檔案

ICO 代幣名稱：MITH

ICO 代幣私募初始價格：1MITH = 0.0002ETH

ICO 代幣發行地區：台灣

ICO 發行天使輪：2017.09.17

ICO 發行預售輪：2018.01.17

ICO 代幣募資總額：約 61,193,400 美元

ICO 代幣現值（2018.10.17）：約 96,825,040 美元

實現社群平台與用戶間的平等關係

國際性的大型社群平台，如 Facebook 及 Instagram 等，均利用社群用戶創造有價值的內容，匯集人流以獲得大筆廣告營收，但是內容創作者卻沒有因此從社群網站上獲取相對的經濟價值。發跡於台灣的 Mithril 團隊打造了 Lit 社群平台及 APP，與 MITH 生態圈整合，當用戶在 Lit 上發布、上傳的內容受到

認可與傳播（如點讚、轉發、評論）達一定數量時，將藉由運算法獲得相應的 MITH 幣獎勵，也就是所謂的社交挖礦。

Mithril 生態圈的另一個功能為「秘銀金庫」（Mithril vault）。與 Mithril 合作的夥伴平台和使用者，可利用這個工具追蹤、維護和管理跨平台的 MITH 幣。現階段 Mithril 也仍在努力遊說更多的店家採用 MITH 幣來支付交易。另外，值得注意的是，Mithril 並未透過初始代幣發行 ICO，而是透過天使輪、預售輪的方式進行私募。

破壞式創新

不靠廣告　以社交挖礦創造收益

不同於其他社群平台，Mithril 所打造的 Lit 社群平台並不依賴廣告創造收益，反而係以 MITH 幣的社交挖礦獎勵使用者對此網絡貢獻內容，並提供秘銀金庫供使用者儲存和使用 MITH 幣。

Mithril 發展出了一套稱之為「社交挖礦」的概念，用戶所有的貼文數、社群互動（如觀看次數、愛心），都將透過 Mithril 內部的運算法轉換成相對應的 MITH 幣。使用者發布內容後便可透過社交挖礦賺取 MITH 幣，而挖礦獲得的獎勵與其內容在網路上的影響力呈正相關；平台也致力於將內容獲利自動化，以 MITH 幣公平地獎勵所有內容貢獻者。

MITH 代幣生態圈介紹

MITH 幣是一種標準的 ERC20 代幣，以功能代幣之姿在 Lit 社群平台上發布，使用者能以 MITH 幣在整個 Mithril 應用程式生態圈中換取服務，例如約會服務、優質內容頻道，和直播應用程式。

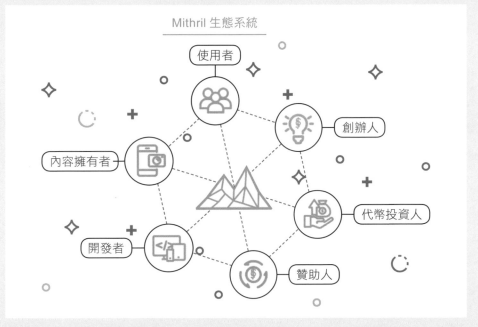

資料來源：官方白皮書。

Lit 社群平台是 Mithril 的第一個社群網絡戰略夥伴，期能利用 MITH 幣打造一個更公平，均衡的社群生態圈。Lit 社群平台目前的主要功能，是以社交挖礦來獎勵使用者，創造產品與內容提供者雙贏的局面。

Lit APP 可說是為 MITH 幣量身定製的應用程式，完全支援 MITH 幣功能的架構，且由以下 3 點來鞏固 Mithril 生態圈的價值並帶來成長：（1）持續壯大社交網絡，讓更多使用者加入豐富平台的內容；（2）開發一個合理的獎勵系統來回饋使用者及合作夥伴；（3）讓 MITH 幣能夠透過行動錢包於零售業和線上 Mithril 商家消費。

Lit 透過社群平台發放 MITH 幣，獎勵使用者在社群平台上產生優質內容，並藉由第一波使用者的加入，帶入更多朋友賺取 MITH 幣，增加使用者基數。普及之後，便能以行銷的誘因讓商家加入 MITH 幣的生態圈，接著吸引更多使用者從其他社群平台轉向 Lit 與朋友互動、賺取 MITH 幣。越多人加入 Lit 社群平台及持有 MITH 幣，就取得與商家談判的籌碼，推動 MITH 幣價值上漲，進而產生真正的價值。

上網搜尋 MITH 代幣交易歷史：
https://etherscan.io/token/0x3893b9422cd5d70a81edeffe3d5a1c6a97
8310bb

參考資料來源：https://mith.io/

https://suppo rt.okex.com/hc/zh-cn/articles/360001151951-

Mithril-MITH-

社群軟體	商業服務
Social	Business Service

值得信賴的區塊鏈貿易平台
TraDove

以區塊鏈代幣為基礎的 B2B 貿易平台

國際貿易買方賣方還在互相探詢？區塊鏈解決了買賣雙方彼此信任問題，國際貿易中 B2B 之間的營銷、交易活動，都可以在指間點擊完成，相關權益在智能合約裡獲得充分保障。

代幣小檔案

ICO 代幣名稱：BBCoin

ICO 代幣初始價格：1BBCoin = 0.16USD

ICO 代幣發行地區：美國

ICO 代幣銷售開始日：2018.02.01

ICO 代幣銷售結束日：2018.02.28

ICO 代幣募資總額：約 52,000,000 美元

ICO 代幣現值（2018.10.17）：未公開銷售

Fusion$360

上網搜尋 TraDove ICO
相關資訊

https://lastmile.fusions360.com/
market/detail/cbd2e0e58436c01
e04c22f3baa8eccbbf1aba102

　　在 B2B 的商業交易中，企業與企業間長期以來存在一個問題──即便位在同一城市，彼此可能未曾謀面；因此，要如何建立彼此的信賴感，讓供應製造商可以找到優良買主，買主能快速找到具信譽的供應商，對買賣雙方都是非常重要的挑戰。

　　TraDove 是一個串聯銷售業務人員、商品服務以及公司組織的去中心化平台，希望打造一個值得信賴的國際貿易 B2B 2.0 生態系統，就像 Facebook 串

聯好友、LinkedIn 串聯專業人士一樣，TraDove 連結國際貿易業務合作夥伴與商業社交網路，成為精準投放 B2B 廣告的領導先驅。

破壞式創新

使用代幣　方便資金流暢交易

在國際貿易中，某些業務往往因缺乏信任，而導致本地銀行無法執行交易，買賣雙方資金轉匯效率低下，且成本昂貴，不符合經濟效益。而 TraDove 係採用 BBCoin 代幣作為其平台的交易支付工具，以免除與當地銀行交涉的壓力，享受輕鬆、便捷和低成本的付款方式，讓資金交易全球暢行無阻。

在傳統 B2B 市場中，媒介合適的買家和賣家是相當困難的，不僅搜尋速度緩慢，認證資訊正確與否的機制也不存在，要深入進行跨國徵信，過程複雜、代價不斐。另一方面，現有 B2B 的廣告平台十分有限、功能尚不成熟、廣告效益不彰。整體而言，在缺乏完全信任的情況下，國際貿易媒介效率低落且所費不貲。

大數據與機器學習　精準投放廣告

TraDove 想到一個解決方案，透過分析大數據和機器學習（ML）等技術，縮短企業買賣雙方彼此的搜索週期，並根據企業用戶所提供的業務目標和用戶資料等文件來優化買家和賣家之間媒介配對的適宜性。

此外，為了提高 B2B 交易透明度，TraDove 利用社交網路功能（例如評論和參考資訊）驗證用戶身份的真實性，減少調查工作之負荷和時間。TraDove 使業務人員、商品服務和公司幾乎無縫接軌，以達在平台上共享知識、經驗和機會的目的。

　　另一方面，為使廣告投放更加精確，TraDove 會針對企業的性質與特殊需求，提供對應的目標產品與服務的廣告給買家，賣家也可提供獎勵機制，促使買家觀看其 B2B 廣告。例如，買家願意觀賞賣家的廣告，賣家就會給予 BBCoin 代幣做為獎賞，而 TraDove 則會從中收取部分手續費用。

BBCoin 代幣生態圈介紹

　　BBCoin 生態系統包括商業賣家、商業買家和 TraDove 平台。Tradove 提供企業買家免費使用平台上所有的服務，商業賣家則可以免費使用平台上的基本服務。如果賣家想要使用一些特別加值服務，例如通知賣家有買家來搜索、前來詢問產品，或優先推薦買家瀏覽自家商品，就必須額外支付 BBCoin 幣。

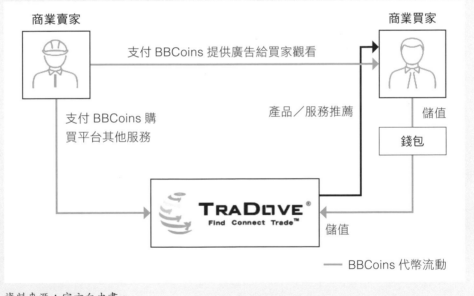

資料來源：官方白皮書。

上網搜尋 BBCoin 代幣交易歷史：

https://etherscan.io/token/0xe7D3e4413E29ae35B0893140F4500965
c74365e5

參考資料來源：https://bbcoin.tradove.com/

平台　　加密貨幣　　商業服務

Platform　　Cryptocurrency　　Business Service

去中心化的區塊鏈直接銷售系統
INS

INS

代幣小檔案

ICO 代幣名稱：INS

ICO 代幣初始價格：300INS = 1ETH

ICO 代幣發行地區：俄羅斯

ICO 代幣銷售開始日：2017.12.04

ICO 代幣銷售結束日：2017.12.25

ICO 代幣募資總額：約 45,000,000 美元

ICO 代幣現值（2018.10.17）：約 14,063,191 美元

Fusion$360

上網搜尋 INS ICO 相關資訊
https://lastmile.fusions360.com/
market/detail/80eee8493479c4c
7cada7793e9992b79884b801a

　　區塊鏈技術出現前，產品甚少由製造商直接送往消費手中，看似不難的過程，卻因為無法解決中間價格及合約問題，長期以來只能任由零售通路主導市場，尤其雜貨類商品更是如此。不過，在區塊鏈時代，因完整的價格及資訊均已上鏈，製造商從生產、訂單到出貨的所有作業流程，都可在智能合約中履行。

　　INS 消費生態圈實施一種全球去中心化的買賣體系，其核心精神是讓消費者能夠直接向雜貨製造商購買產品，跳過零售商和批發商，節省 30% 的支出；製造商也可藉此提供消費者更多個性化商品與透明的購物體驗。

擺脫經銷商　直接售予消費者

　　INS 消費生態系統的全球去中心化概念推出後，就立即得到消費者的關注，以及製造商的大力支持。INS 打破傳統雜貨製造商處處受制於通路經銷商

的束縛，在其平台上，製造商可擺脫經銷商的制約，自行訂定產品價格與銷售品項。消費者的訂單經由訂單處理中心匯整後，會發送給製造商，再由製造商將消費者訂購商品送到訂單物流中心，交由快遞人員寄送給消費者。

雜貨市場是全球最大的消費市場之一，預計將在 2020 年達到 8.5 兆美元，其大部分增長均來自線上交易。因此，INS 也將線上雜貨視為主要的目標區塊。根據美國國際數據集團（International Data Group, IDG）的估計，雜貨市場將從 2015 年的 980 億美元規模，增長到 2020 年的 2,900 億美元。

破壞式創新

串聯整體銷售流程　顛覆零售業生態

雖然線上雜貨市場擁有巨大商機，但尚有兩個重要的干擾因素待解決，即實體雜貨零售商，以及行銷促銷方案。由於雜貨市場長期由零售商所主導，不可諱言地，零售商及其連鎖店佔雜貨製造業很高的收入比例。此外，促銷宣傳支出佔製造商銷售額的 17%，但伴隨著促銷活動成本的上升，效率卻日漸衰退，95% 的製造商承認銷售宣傳的效率不佳，是極其重要的其中一項問題。

INS 創造了一個連結整個銷售流程，從製造、買賣、金流、物流等每個環境的消費生態系統，均須使用 INS 幣作為購買和銷售產品的貨幣，以及從事各種獎勵和折扣活動。

INS 讓製造商能夠直接針對消費者製訂市場行銷策略，買賣雙方都能受智能合約的保障，並以 INS 發行的代幣作為消費者的獎勵，其作法與許多航空公司的里程獎勵計畫類似，但是更先進，執行的成本也更便宜。可以預期的是，INS 的創新模式將顛覆現有雜貨零售業的生態，而且隨著消費者與製造商的大量運用，進而帶動 INS 幣普及和價值的上漲。

INS 代幣生態圈介紹

　　INS 生態系統包含平台、消費者、製造商、執行等 4 種角色（包括操作員、工作人員與快遞等）。消費者能夠直接向製造商訂購產品並履行訂單。INS 平台允許製造商加入，發布他們的產品與銷售產品，展開促銷活動和忠誠度活動，並從中獲得消費者反饋。

　　INS 代幣的流通，涵蓋消費者產品與物流費用的付款、製造商對消費者的促銷獎勵、平台的獎勵，以及引介其他消費者消費的獎勵，以及投入跨業聯合行銷的獎勵等等。製造商必須從獲利中，提撥代幣作為獎勵基金。

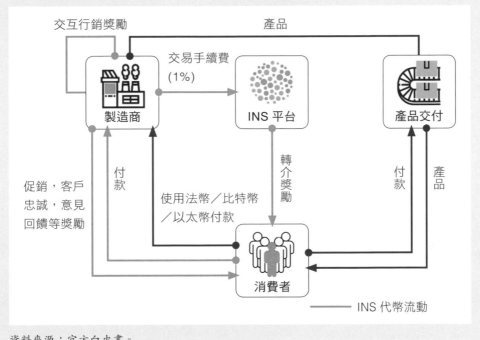

資料來源：官方白皮書。

上網搜尋 INS 代幣交易歷史：

https://etherscan.io/address/0x5b2e4a700dfbc560061e957edec8f6eee
b74a320

參考資料來源：https://ins.world/

零售　平台

Retail　Platform

全新社群聊天盈利模型
Consentium

內容貢獻貨幣化　達成循環式誘因設計的社群構想

Consentium 將內容貢獻貨幣化，回饋所有在社群平台上貢獻內容的使用者，可在自己所創建的社群上獲得回饋利潤，透過貨幣再分配，創造富誘因的獎勵循環高使用都參與度，打造全新的社群體驗！

代幣小檔案

ICO 代幣名稱：CSM

ICO 代幣初始價格：1CSM = 0.25USD

ICO 代幣發行地區：新加坡

ICO 代幣銷售開始日：2018.04.15

ICO 代幣銷售結束日：2018.04.30

ICO 代幣募資總額：約 42,000,000 美元

ICO 代幣現值（2018.10.17）：1CSM = 1.27USD

Fusion$360

上網搜尋 Consentium ICO
相關資訊

https://lastmile.fusions360.com/
market/detail/eb62211a1e9a623
8033ebf7e04341d1edb27ae09

　　Consentium 針對從事於加密貨幣買賣的龐大社群，創造了一種消費者對消費者（C2C）聊天社群的全新盈利模型，讓內容創作者也可從社群通訊互動活動中賺取收入，包含貼圖、廣告等。Consentium 為鼓勵社群規模化與貨幣化，將由平台上收取的 1% 虛擬貨幣交易手續費，回饋於平台的資金分配池，再以一套依據群組迴響與聲譽量所設計的運算法，來獎勵社群的貢獻者與使用者，可說是取之於社群，也用之於社群的創意循環式誘因社群經營構想。

從自身創建社群的內容賺取收入

Consentium 是一款聊天應用程式，利用 C2C 加密貨幣，透過聊天社群盈利（Chat Community Monetization, CCM）模型，使內容創作者從自身創建的社群賺取收入。Consentium 營利模式係透過創建內容之交易費用的再分配，激勵社群的所有參與者以更高的動力創作內容，並培育整個社群生態圈。

為了直接將內容創作者的內容貢獻貨幣化，Consentium 利用聊天社群營利模型和引擎來自動實現聊天貨幣化。此外，平台也收取每筆加密貨幣移轉金額的 1% 作為交易費用，並匯集到再分配池中，再將這筆資金重新分配予那些在平台上工作的創作者，以激勵用戶。

在未分配前，所有的交易費用都會先透過冷錢包（cold offline wallet）進入再分配池中進行信託管理，之後每個月透過聯天盈利模型機制進行解析，並根據預先設置的標準，自動重新分配給社群內容創作者及用戶。

破壞式創新

實現聊天貨幣化　拿回社群主導權

現代人越來越重視其對話的高度私密性，希望能在社交網路中添加更高級的加密運算法，故 Consentium 平台利用 SHA-256 運算法，提高聊天加密水平。Consentium 計劃透過收取低廉的費用，以及提供安全的 C2C 移轉模式，在保護消費者的同時，也維持自身在去中心化市場價值。

為了建立質量兼具的內容生態圈，Consentium 實施以數量及用戶聲譽兩大因子為評分基準的獎勵制度。例如根據每位用戶過去 30 天內完成的交易數量或總額，進行 1 到 10 的用戶信譽等級評分數，此後再依據聲譽等級為 5 級以上的用戶總數來衡量是否為具品質的群組。

　　因此，擁有一些信譽評級佳的個人群組，將比擁有大量信譽評級不佳的個人群組更具獎勵價值。平台收取的交易費用會進入所謂的再分配池帳戶，並依照群組品質測量矩陣分析，將再分配池中的資金透過 CCM 引擎重新分配給應獎勵的用戶。

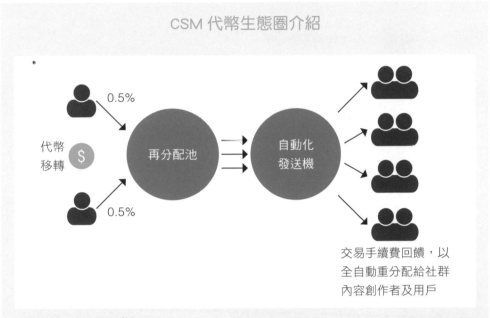

CSM 代幣生態圈介紹

資料來源：官方白皮書。

　　CSM 代幣生態系統包括聊天應用程序、再分配池和用戶社群。Consentium 對用戶間所有加密貨幣的移轉，均收取 1% 的網路使用費用，由轉讓人和受讓人平均承擔，意即每人負擔 0.5%。所有交易費用放進冷錢包再分配池中信託管理，每個月基金會將通過 CCM 模型進行解析，並根據事先預設標準來自動重分配給社群內容創作者及用戶。

　　而 Consentium 平台也讓廠商可支付 CSM 代幣作為廣告費用來宣傳他們的商品服務，內容創作者通常會透過「隱藏」內容功能來分享隱藏的音訊、視頻和圖片，其他用戶如果想要查看隱藏內容，必須付費解鎖來獲取 CSM 代幣。

上網搜尋 CSM 代幣交易歷史：

https://etherscan.io/address/0xd8698a985b89650d0a70f99ad2909bd0
c0b4b51c

參考資料來源：https://consentium.net/

通訊　加密貨幣

Communication　Cryptocurrency

綠色再生能源的融資平台
WePower

人人都能投資的綠色再生能源

綠色或再生能源前景看好，而代幣也能用來投資預購未來的能源供應！
WePower 將能源代幣化，以智能合約規範能源生產商買方，透過結合能源代
幣與開放式的數據庫，開啟綠能投資市場。

代幣小檔案

ICO 代幣名稱：WPR
ICO 代幣初始價格：1WPR = 0.13USD
ICO 代幣發行地區：直布羅陀
ICO 代幣銷售開始日：2018.02.01
ICO 代幣銷售結束日：2018.02.02
ICO 代幣募資總額（2018.10.17）：
約 14,590,196 美元

Fusion$360

上網搜尋 WePower ICO
相關資訊
https://lastmile.fusions360.com/
market/detail/226ee0aee4b84b2
3abe35f9478bc61b5e7b395b6

　　地球的能源有限，終將耗盡，全世界都在尋找可利用的新能源或再生能
源。然而，發展新能源需要投入龐大資金與時間，除了政府支持新能源的政策
性的補助，現在也能透過區塊鏈加密發行代幣來對外籌募資金，提前出售未來
生產的再生能源，開放給全球能源投資者及消費者，以最有效、低成本的方式
直接投資、消費綠色再生能源，為能源製造商增加融資管道，致力推動再生能
源。

區塊鏈融資平台　推動再生能源

　　WePower 是一個提供綠色能源交易，並協助能源生產廠商融資的平台。綠色再生能源生產商透過發行自己的能源代幣，以對外進行分散式籌集資金，可有效簡化現有能源投資的生態系統。此外，整體募資場域對象擴及全球的消費者與投資客，去中心化的資金籌募概念，使每個人都有機會投資購買新能源，成為再生綠能源的股東。

　　透過平台，能源生產商可直接與綠色能源買家（包括一般消費者和投資者）進行交易，換句話說，在股票正式上市前，投資者可以低於市場的價格購得預售的能源，能源生產商則透過發行代幣對未來生產的能源數量做出承諾。

　　現今，再生能源產業正處於一個關鍵時刻，政府對再生能源的補貼正逐年縮減，銀行也開始要求能源生產者提高自有資本。另一方面，在再生能源生產者消費者與投資者間，有太多的中間因素，都導致再生能源產業發展緩慢。

發行代幣分散化　對全球投資客籌募資金

　　為了優化融資循環以及開放投資的條件，WePower 運用其所發行的能源，代幣來進行平台上生產商及投資買方的契約機制，為全球廣大投資者開啟綠色能源投資市場。能源製造商手中握有充沛資金，不僅有助於公司資本與負債比率表現，同時降低對政府再生能源補助的依賴。

　　WePower 透過區塊鏈發行能源代幣創造融資平台，預先出售未來生產的再生能源給消費者或投資者，此時進場的能源購買者，有機會以低於市場的價格預先購得。如此一來，不但可簡化、標準化現有的能源投資生態系統，更使整體投資場域不侷限於當地，募資對象擴展至全球。

　　再生能源製造商與消費者、投資客之間以智慧能源合約來確保雙方權利與義務，能源生產者承諾未來計劃生產的能源數量與交付能源資產，以及能源購買者、投資者擁有能源資源分配情況。WePower 使用能源代幣 WPR，一個 WPR 國際能源代幣，代表未來可生產每小時 1,000 瓦的能源。

　　一旦能源生產完成，購買者可以使用能源代幣來支付能源帳單，或在市場上進行交易，例如出售給能源批發商等。作為獨立的能源供應商，WePower平台除了聯結能源終端用戶，也可與能源電網及當地能源交易市場串聯。

WPR 代幣生態圈介紹

　　WPR 生態系統包括可再生能源生產商、能源購買者、投資者以及 WePower 平台。 WPR 幣是一種功能代幣 (Utility Token)，WPR 幣的持有者具有購買再生能源製造計畫或能源捐贈庫的優先權，可於每次拍賣會的前 48 小時內，優先依手中所持有的 WPR 幣數量，購買一定比例的能源數。此外，所有在拍賣會上銷售的能源代幣，將自動提撥 0.9% 到能源捐贈庫，只有 WPR 幣的持有者才能享有能源捐贈庫中的能源資產分配。

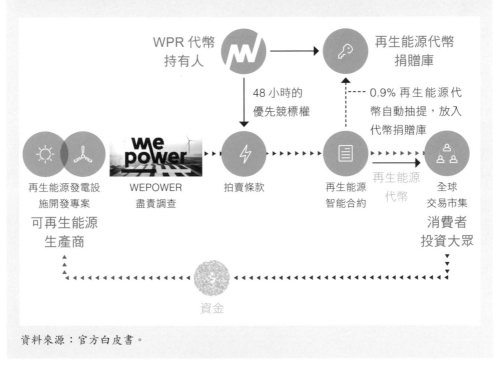

資料來源：官方白皮書。

上網搜尋 WPR 代幣交易歷史：

https://etherscan.io/token/0x4CF488387F035FF08c371515562CBa7

12f9015d4

參考資料來源：https://wepower.network/

平台　　基礎建設　　能源

Platform　　Infrastructure　　Energy

社群內容挖礦區塊鏈
TTC Protocol

去中心化的社群協定　獎勵內容創作者

內容創作者製造吸引人流的原創內容，壯大網路社群的規模及財力，卻未能分得利潤。TTC Protocol 透過去中心化的社群網路通訊協定，獎勵優質創作者，真正達成平台與參與者互利願景。

代幣小檔案

ICO 代幣名稱： TTC
ICO 代幣初始價格： 1TTC = 0.18USD
ICO 代幣發行地區： 英屬維吉尼亞群島
ICO 代幣銷售開始日： 2018.04.18
ICO 代幣銷售結束日： 2018.05.18
ICO 代幣募資總額： 約 35,000,000 美元
ICO 代幣現值（2018.10.17）： 約 19,226,201 美元

　　為了獎勵社群網路內容貢獻者，在韓國發跡的 TTC Foundation 推出基於區塊鏈與代幣經濟的去中心化社群網路通訊協定 TTC Protocol，目標發展社群內容挖礦（social content mining）獎勵那些創作內容、分享內容與讚許、評論內容等互動活動的社交網路用戶。TTC Protocol 將商業獲利返還予致力於培養及發展社群網絡價值的用戶，並透過營造第三方內容創造業者生態圈，以支付 TTC 幣的方式來購買廣告設計、表情符號、聊天機器人等各種對社群網路經營有幫助的分散式應用，也從中擴大經營社群內容的挖礦事業。

給予原創內容創作者應有的分潤獎勵

內容創作者每天在社群平台上花費許多時間貢獻文字、影音等珍貴內容，其所產生的利潤，集中成就了社群平台的財富巨人；然而參與者卻無法分享社群平台的利潤。 TTC Protocol 提供一種去中心化、激勵社群參與者的社交網路協議，將社群貢獻收益完善分配到所有參與的個人，藉此提高用戶動態體驗，實踐共創、共享、公平的經濟模式，此亦為下一世代社群平台所應具備的嶄新思惟。

破壞式創新

公平獎勵機制　提高社群用戶參與度

TTC Protocol 協議是以區塊鏈技術為利基，發展出 TTC 加密貨幣，讓所有參與社交網路平台的用戶均可以透過創造內容、分享資訊、發表評論或是與其他用戶互動而獲取 TTC 幣獎勵，讓社群平台去中心化，實踐共創、共享的概念。

TTC 幣為了獎勵在平台上有貢獻的用戶，將獎勵機制分為 3 種類型，包括內容獎勵、聲譽獎勵和廣告獎勵。當用戶創造高質量內容或對其他用戶提供的內容進行評論與分享，都可以獲得內容獎勵。如果用戶長期活躍於平台、持續創造高質量的內容並表示高度忠誠，那麼用戶將獲得聲譽獎勵。其中，內容和聲譽獎勵的 TTC 幣，並不會額外增加代幣的總發行數量。另一方面，如果用戶參與廣告促銷活動，則用戶將獲得廣告獎勵，此類獎勵代幣的來源為廣告客戶支付給 TTC Protocol 平台的廣告費用。

TTC 代幣生態圈介紹

　　TTC 代幣生態圈包括廣告客戶、平台用戶、第三方服務提供商和 TTC 平台。除了每天分配給用戶的獎勵外，用戶還可以直接使用 TTC 代幣購買數位商品、發送虛擬商品或是透過加密貨幣交易服務交換其他貨幣。

　　而第三方服務提供商可以藉由提供表情符號和聊天機器人等服務來獲得代幣，廣告商則需要事先購買 TTC 幣，才能在 TTC Protocol 的生態系統中刊登廣告，而廣告商所支付的代幣，將透過 TTC Protocol 廣告網絡重新分配給參與用戶。

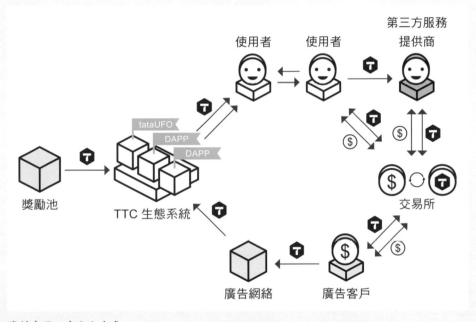

資料來源：官方白皮書。

上網搜尋 TTC 智能合約與交易歷史：

https://etherscan.io/address/0x8f2f4ce535ee239c7a10c6aeff0f2eaf66
90cddb

參考資料來源：https://www.ttc.eco

娛樂	投資	通訊	平台

Entertainment	Investment	Communication	Platform

全球禮物贈送平台
GIFTO

送虛擬禮物給喜愛的社群媒體創作者

透過 GIFTO 全球虛擬禮物贈送平台,幫你送虛擬禮物給喜愛的內容創作者,最棒的是,創作者也可以列出希望得到的禮物清單,幫助平台永續經營!

代幣小檔案

ICO 代幣名稱:GIFTO
ICO 代幣初始價格:1GIFTO = 0.1USD
ICO 代幣發行地區:香港
ICO 代幣銷售開始日:2017.12.14
ICO 代幣銷售結束日:2017.12.14
ICO 代幣募資總額:約 30,000,000 美元
ICO 代幣現值(2018.10.17):約 39,532,541 美元

Fusion$360

上網搜尋 GIFTO ICO
相關資訊

https://lastmile.fusions360.com/
market/detail/39518afeaed55b6
1966a8d6e518cc4e6d63fdbd9

　　只對喜愛的內容按讚不夠,不如大方送禮贊助創作者,以獲得更多、更好的內容創作。然而,線上網路的創作內容,較難以傳統授權的方式獲得獎勵及創造收入。GIFTO 利用區塊鏈代幣獎勵,讓社群內容創作者除可收到網友以代幣形式的實質金錢贊助,也進一步設計了虛擬禮物服務的生態圈,開發更佳的送禮體驗與市場,網友可以委託第三方設計虛擬禮物,送給線上內容創作者,堪稱是社群內容商業模式的破壞式創新。

透過 GIFTO 虛擬禮物獎勵內容創作者

GIFTO 全球虛擬禮物贈送平台希望創建一個可以自我管理、自我永續發展的全球虛擬禮物贈送機制，在 GIFTO 的生態平台裡可以創作虛擬禮物、策劃活動、追蹤管理、購買、贈送虛擬禮物，與各內容社交平台例如 YouTube、Instagram、Facebook 以及 Uplive 等社群互動連結。GIFTO 讓人們在上述社交平台上看到喜歡的內容或活動時，可連結到 GIFTO 平台對內容創作者贈送或交換虛擬禮物，給予實質的獎勵。

GIFTO 的設立初衷，是希望幫助知名度較小的內容創作者維持內容創作的能量，透過粉絲購買禮物送禮，也能使平台獲得持續收入。平台上的虛擬禮物具有等同貨幣的價值，創作者收到禮物後可以選擇存入 GIFTO 帳戶，或在 GIFTO 平台轉換為其他虛擬禮物與加密貨幣。

GIFTO 生態圈　4 大關鍵角色

由於要創建、維持高質量和高需求的虛擬禮物倉庫，是一項需要人力密集的任務，因此 GIFTO 虛擬禮物生態圈有幾個關鍵角色參與，包括：（1）內容創建者：無論是視頻、音樂、藝術還是其他傳播媒體，只要在世界各地擁有自己粉絲群的任何內容的製作者或創作者都可加入；（2）虛擬禮物創作者：從事虛擬禮物圖像設計及動畫創建的貢獻者、藝術家，或社群媒體內容的創作者，也可以針對自己喜愛的禮物進行創作；（3）策劃人：審查小組負責審閱、策劃虛擬禮品的質量、分類與定價；（4）粉絲：內容創作者的粉絲群，為激勵內容創作者，贈送虛擬禮物的主要群體。

GIFTO 代幣生態圈介紹

　　GIFTO 生態系統包括內容創建作者、觀眾和 GIFTO 平台。平台透過 GIFTO 代幣讓觀眾可以從禮品店購買虛擬禮物來獎勵內容創作者，內容創作者也可以設計一個願望清單，列出他們希望從粉絲那裡收到什麼樣的禮物。內容創作者接收虛擬禮物後，可存入禮物倉儲區，或轉換為 GIFTO 其他虛擬禮物或其他加密貨幣。

　　當粉絲用 GIFTO 代幣購買虛擬禮物後，收入將由所有相關利益方共享——內容創作者分攤 80%、虛擬禮物創作者 5%、禮物策劃者 2%、GIFTO 平台占 10%，而獎勵池占 3%。其中，GIFTO 平台的收入主要運用在生態系統經營和維護，而獎勵池的收入主要支應在定期向所有觀眾、粉絲提供獎金，或作為娛樂效果的抽獎獎勵用途。

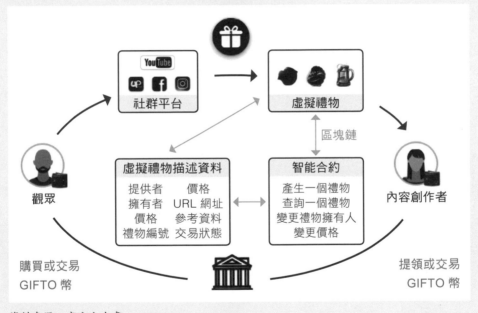

資料來源：官方白皮書。

上網搜尋 GIFTO 代幣交易歷史：

https://etherscan.io/token/0xf68541eb5eb0bc426ea834bf8502a9f6c

ea75063

參考資料來源：https://gifto.io/

零售	娛樂	媒體	基礎建設
Retail	Entertainment	Media	Infrastructure

運輸物流業供應鏈整合系統
ShipChain

由出廠到交貨　透過區鏈實現資訊透明共享

透過區塊鏈技術，ShipChain 提高資訊交換效率，並優化承運商配對流程，降低傳統物流業遠距溝通成本，減少延誤情形，改善廠商與顧客間資訊不透明及不對等情形。而區塊鏈不可竄改的加密特性，更保障了用戶的個人隱私，提高貨物運動的安全及私密性。

代幣小檔案

ICO 代幣名稱：SHIP

ICO 代幣初始價格：1SHIP = 0.34USD

ICO 代幣發行地區：美國

ICO 代幣銷售開始日：2018.01.01

ICO 代幣銷售結束日：2018.01.31

ICO 代幣募資總額：約 30,000,000 美元

ICO 代幣現值（2018.10.17）：約 1,967,979 美元

Fusion$360

上網搜尋 ShipChain ICO
相關資訊

https://lastmile.fusions360.com/
market/detail/eaea8b360e7e61f
89ff87bf1ea31f0d624f920d4

　　ShipChain 整合各種管道的運動方式，如陸路、水路、航運等，貨物自離開工廠到最終交付給客戶端的過程中，每個航點的交易資訊均加密寫入區塊鏈，並且無法竄改。這將取代仲介商的角色，讓承運人減少延誤和溝通成本，輕鬆找到合適的運輸廠商進行交易，並基於自身的貨運條件，例如距離、交通方式、燃料使用和預算等因素，智能配對出最合適的運輸方式。

　　隨著貿易全球化趨勢演進，物流運輸業扮演著對經濟發展其極重要的角色。2015 年，物流運輸產值約 8.1 兆，預估 2023 年，產值將增加到 15.5 兆美元。水陸空貨物量也預估將從 2015 年的 5,500 萬噸，成長為 2024 年的 9,200 萬噸，可以說是地球上規模最大的產業之一。

破壞式創新

資訊透明共享　化繁為簡降低成本

　　全球化趨勢下，來自各地的貨物可能飄洋過海、跨洲越界，經過數個運轉的節點，故每個節點的資訊整合，對於物流都是一項專業挑戰。ShipChain 平台整合了各種運輸工具節點，例如一般道路、航空、水路或是鐵路，以處理運輸物流的價值鏈。ShipChain 簡化產業參與者的整體運作過程，也同時協調多方運送相關人員，減少物流網絡的複雜性。

　　區塊鏈的加密、透明、分散性技術特性，應用在貨運物流運輸業上將產生革命性的創新，平台將供應鏈上所有參與者納入生態圈，從貨物離開工廠的那一刻，直到最終交付予客戶，每個航點的交易資訊都被加密，亦無法竄改，只有相關廠商能進行資訊解讀，降低仲介成本，簡化繁雜程序，創造更多的經濟效益。

　　傳統的運輸物流業，運輸物品仲介服務費用常高達貨品價值的 30% 至 50%；相較之下，ShipChain 平台消除運輸過程仲介商的角色，承運人可以用更便宜的價格、安全地運送貨品，承運人亦可從平台上直接尋找合適的運輸業者，預訂雙方的運輸服務。

資訊安全、及時、透明化　降低貨物失竊

　　在物流業運送貨物的過程中，貨物的失竊與遺失都是一項極大風險及挑戰，根據美國聯邦調查局估算，2016 年美國全年貨物竊盜損失超過 300 億美

元,數字仍持續攀升。ShipChain 透過記錄每個航點的交易數據,有效提高運輸過程的透明化、減少貨物被偷竊及遺失的可能性。

自動化追蹤貨品動向

　　ShipChain 使用電子條碼和 RFID 技術來確保貨品經過每個航點時都可以自動被驗證及記錄。這項服務可讓收貨人清楚知道貨物的最新動向、何時會收到,同時也意味著,過程中有任何錯誤或疏漏都能夠被馬上識別出來,更能有效地追蹤檢視貨物運送過程,以及運輸服務的所有相關企業,找出應負相關責任的單位。

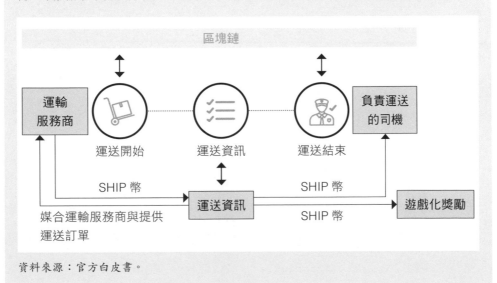

ShipChain 代幣生態圈介紹

　　所有透過 ShipChain 平台的貨運交易,皆透過其所發行的 SHIP 幣支付並結算。ShipChain 允許用戶直接支付他們所持有的 SHIP 幣,或從 ShipChain 平台上購買代幣以預訂運輸服務(購買代幣的方式可用美金、歐元或其他加密貨幣)。

　　每次配送,ShipChain 最高抽取貨品價值的 20%,作為獎勵及時安全交付貨物,以及減少閒置時間等注重環境保護的運輸廠商,藉以提升客戶服務品質。

資料來源:官方白皮書。

上網搜尋 SHIP 代幣交易歷史：

https://etherscan.io/token/0xe25b0bba01dc5630312b6a21927e57806

1a13f55

參考資料來源：https://shipchain.io/

零售	運輸	平台

Retail	Shipment	Platform

視頻監控系統
Faceter

以消費者為中心的革命性區塊鏈監控系統

Faceter 是全球第一款針對消費者日常使用，利用區塊鏈應用技術所發展的視頻監控系統。Faceter 將視頻監控系統變得更加聰明，透過智能感測相機強化人臉偵測、物體檢測並分析即時視頻畫面，使監控系統更加智能與精確，能理解所處的情境並做出合適應對，為所有客戶提供更完善安全的監控系統。此外，Facter 也加入區塊鏈的挖礦誘因，鼓勵客戶提供計算力予平台。

代幣小檔案

ICO 代幣名稱：FACE

ICO 代幣初始價格：1000FACE = 0.0872ETH

ICO 代幣發行地區：南非

ICO 代幣銷售開始日：2018.02.15

ICO 代幣銷售結束日：2018.03.30

ICO 代幣募資總額：約 28,610,352 美元

ICO 代幣現值（2018.10.17）：約 1,721,664 美元

Fusion$360

上網搜尋 Faceter ICO 相關資訊

https://lastmile.fusions360.com/market/detail/886b605362e3c334849bc591748cd894da4fea24

人人都可負擔的智慧視頻監控系統

利基於以區塊鏈網路中的礦工們協力打造分散式的電腦視覺運算能力，使各種規模的企業和大眾市場消費者都能負擔得起產品價格。從礦工角度來看，礦工們可以使用其用來挖掘以太幣的圖形處理器（GPU）來從事 Faceter 視頻

分析程序處理。Faceter 的技術核心對使用者的隱私絕對尊重，利用人工智慧卷積神經網絡的特性來分割每項任務以加強對隱私保護的承諾，確保每項敏感數據都在完全可信的環境中妥善處理，所有不可回復的圖像都會傳送到去中心化的區塊鏈網絡中。

現今視頻監控系統大多數功能、效率顯然不高，主要功能為透過攝影機記錄數據、儲存視頻檔案以及依需求回復觀看。傳統監控系統無法與即時情況進行實際互動，使得安全性大打折扣。

破壞式創新

聰明會思考　並可立即反應的監視系統

Faceter 計劃透過區塊鏈分散式計算的優勢為大眾消費者提供更高性能的監控產品，藉此填補傳統監視系統的不足。Faceter 是一個智能視頻監控系統，透過智能感測相機的「眼睛」進行人臉辨識、物體偵測和即時視頻畫面分析，使得整個監控系統更加智能與精確，最重要的是，系統的智能感測相機能進一步針對情境做出應對的回應，為所有客戶提供更完善的安全性服務。

此外，透過區塊鏈運算技術亦可大幅降低智能監控系統成本，企業和消費大眾均能負擔。此外，Faceter 也可與互聯網連結與相機相互串聯使用。

高智能運算法降低成本　同時保障用戶安全

Faceter 主要的功能，例如物體偵測、臉部辨識、依偵測結果行為分析等能力，大幅提高視頻監控系統監測潛在威脅或消費者及特定員工的臉部辨識等等功能，該項技術的運算法已通過在業界具公信力的 LFW 和 MegaFace 測試認證。

　　另一方面，藉由結合端末設備計算能力的運算法，使加密貨幣的礦工得以進入網路系統協同執行影像識別計算，如此一來，不僅大幅降低產品的成本，同時也為礦工們提供另一種可利用現有設備執行任務的選擇。

FACE 代幣生態圈介紹

　　FACE 幣生態圈包括代幣持有者、客戶、礦工以及 Faceter 平台。FACE 幣持有者可以支付代幣來取得 Faceter 平台上所提供的所有服務。Faceter 會預先轉帳 FACE 幣到與礦工們的智能合約中，作為持續給付使用平台專項服務的共同儲備資金。Faceter 也與其他公司合作發展雲端運算解決方案，同時透過代幣交換的機制，提供與其他網絡連結計算資源的機會。

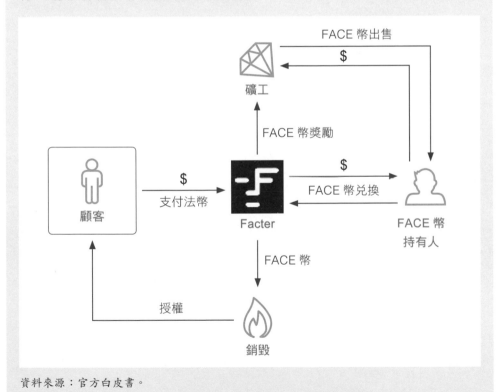

資料來源：官方白皮書。

上網搜尋 FACE 代幣交易歷史：

https://etherscan.io/token/0x1ccaa0f2a7210d76e1fdec740d5f323e2e
1b1672

參考資料來源：https://tokensale.faceter.io/en/

互聯網	人工智慧	大數據
Internet	Artificial Intelligence	Big Data

商店最佳促銷平台
HotNow

亞洲第一個 O2O 遊戲化的經濟體

商家如何在浩瀚的消費市場找到離自己最近的目標客戶？消費者怎麼在網路上找到最優惠的商品？HoTNow 透過區塊鏈代幣獎勵，創建出一個買賣雙贏、遊戲化的 O2O 美好購物體驗。

代幣小檔案

ICO 代幣名稱：HTKN
ICO 代幣初始價格：1HTKN = 0.1USD
ICO 代幣發行地區：泰國
ICO 代幣銷售開始日：2018.1.21
ICO 代幣銷售結束日：2018.3.20
ICO 代幣募資總額：約 27,700,000 美元
ICO 代幣現值（2018.10.17）：約 6,939,668 美元

Fusion$360

上網搜尋 HoToKeN ICO
相關資訊

https://lastmile.fusions360.com/
market/detail/bee64c99734e106
c7935d00afd88f15ce90fc829

移動式促銷　消費者可透過遊戲互動賺取代幣

　　商店可透過 HotNow 向在附近的消費者提供獨家的促銷活動；消費者則可以用行動 APP 查看所處位置附近商店的促銷活動，以及該商店產品或服務的評價。如果消費者入店後進行消費或評論，達商店設定條件，就可以獲得代幣獎勵。HotNow 讓商店的廣告預算執行更有效果，並讓消費者參與遊戲尋寶的體驗，增加逛街消費的樂趣。

HotNow 的獎勵機制

由於受到太多無關的促銷活動轟炸，許多消費者對廣告越來越無感。亞洲地區的人口眾多，結構平均年輕、消費力強，對價格的變化也非常敏感。在此同時，商家花在移動裝置支付的行銷費用越來越高，中小企業也發現網路銷售的成本昂貴，而大型社交網路和聊天平台上識別的行銷工具卻又非常有限。

HotNow 平台透過使用 HTKN 幣來獎勵用戶積極參與各項互動，藉此讓商家支付 HTKN 幣購買廣告，以增加商品曝光度，並使用平台的客戶關係管理工具 CRM 提高整體銷售表現。消費者和商家雙方都可以從參與 HotNow 經濟活動中獲益，透過促銷優惠活動，消費者可以優惠價格買到商品與服務，商家則可藉由平台的行銷工具來增加銷售，並降低取得客戶的成本。

破壞式創新

精準快速搜尋　發掘商品與服務

為了讓商家在推出獨家優惠活動時，消費者能即時掌控行銷訊息以及行銷費用支出，HotNow 創建可供移動裝置、網路、應用程式搜索相關商品和服務的平台，大幅縮短消費者搜索相關商品和服務的時間，進而發現一些他們原本可能不會發現的商家、產品或服務。

只須支付小額費用，商家即可對 HotNow 的用戶提供相關行銷資訊，較以往有如大海撈針的廣告投放有效，大幅降低商家取得客戶的成本。此外，商家也可透過 HotNow，在特定地理區域裡針對目標對象提供特別促銷活動，用戶則可將 HotNow 當成研究產品的平台及搜索引擎，享受優惠的商品與服務。

HTKN 幣生態圈介紹

　　HTKN 幣生態系統主要由消費者、商家和 HotNow 行銷平台所組成。消費者透過支付 HTKN 幣給商家來獲得促銷的商品，而商家則使用 HTKN 幣在 HotNow 平台購買投放廣告增加曝光度，或獎勵消費者完成線上推出的各種活動。當商家推出的活動受到用戶高度關注，或因此為平台帶來其它經濟效益時，HotNow 平台也會給予商家 HTKN 幣做為獎勵。

　　HotNow 在消費者每次完成交易時，都會以 HotPoint 點數獎勵消費者，一旦 HotPoint 達到一定數值，消費者就可以將其轉換為 HTKN 幣。另外，消費者還可以透過 HotPoint 進行 HotNow 平台上的休閒遊戲或購買虛擬商品；如於遊戲中勝出，則有機會獲得更多的 HotPoint。

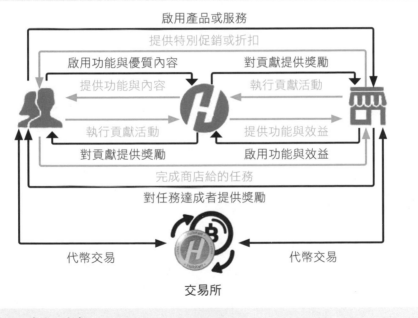

資料來源：官方白皮書。

上網搜尋 HTKN 代幣交易歷史：

https://etherscan.io/token/0x882a78892ddd427cf55ffd20c3496047fc6
3b24d

參考資料來源：https://www.hotoken.io/

零售	軟體	基礎建設
Retail	Software	Infrastructure

學生短期就業媒合區塊鏈
bitJob

媒合學生與雇主短期就業的平台

bitJob 是一個讓學生打工賺生活費，並且同時獲得就業經驗的全新事業。區塊鏈可以累積學生打工履歷，加上代幣獎勵媒合，找到好工作及好員工，達成勞雇雙贏。

代幣小檔案

ICO 代幣名稱： STU

ICO 代幣初始價格： 1STU = 0.39USD

ICO 代幣發行地區： 以色列

ICO 代幣銷售開始日： 2017.09.12

ICO 代幣銷售結束日： 2017.10.13

ICO 代幣募資總額： 約 27,000,000 美元

ICO 代幣現值（2018.10.17）： 約 325,270 美元

Fusion$360

上網搜尋 BitJob ICO
相關資訊

https://lastmile.fusions360.com/
market/detail/c8f3e40c160fc87
631066b02b2ce1801e64abd2d

　　學生在學期間，可能須透過打工或實習來賺取生活費用或工作經驗；另一方面，雇主可能也需要相關專業人員，來完成臨時性的工作內容。bitJob 是媒合學生與雇主的就業平台，以共同解決短期職缺與就業的供需問題，並建立特殊的獎勵聯盟機制——若與之合作的學生組織，成功媒合學生從事平台上所列出的任何工作，該學生組織將可從每筆成交案件中獲取 STU 幣作為佣金。

破壞式創新

使用加密貨幣　豐富動態履歷紀錄

　　bitJob 是一個提供短期工作機會，以媒合學生、自由業者及雇主的分散式 P2P（peer to peer）服務平台。bitJob 提供在就學期間有工作需求的學生一個銜接就業市場的管道，讓他們可以透過平台，針對有興趣的相關領域工作列表中選擇職缺，以高質量的工作貢獻來換取即時的薪資所得，也可依個人偏好選擇要採取以法幣或是使用加密貨幣支付薪資。同時，學生也可以建立良好的工作聲譽，並隨時隨地豐富他們的動態履歷紀錄（DPR），以利未來進入正式職場時，企業人力資源部門對該學生的雇用篩選評分；而透過 bitJob，雇主也可解決短期職缺招募不易、高成本及低工作質量的困擾。

　　為了加強 bitJob 和學生間的關係，bitJob 建立了獎勵聯盟機制──若合作的學生組織，順利協助媒合學生取得任何平台上公告的工作，則該學生組織將可從每筆成交案件中獲取 STU 幣，作為佣金。另一方面，為了確保持續穩定地提供學生有品質的工作職缺，bitJob 也與幾個工作媒合的龍頭公司進行合作協商，以達到學生、雇主雙贏的局面。如此一來，不僅有助於整體就業市場的全球性擴展，也能加強 STU 加密貨幣的價值及其在全球的滲透程度。為了吸引用戶，bitJob 除了獎勵機制外，在整個 STU 生態系統中，求職學生將不須支付任何交易費用，而只會向雇主收取手續費。

　　bitJob 是一個混合型支付基礎的平台，既保有集中化平台的傳統支付方式，也保有區塊鏈去中心化的分散特性（用於簽署、識別、收費及分配合作夥伴的報酬等）。

　　在整體運作流程之始，學生應先在 bitJob 應用程式界面中完整填寫相關申請文件，之後該應用程式將會把這些申請數據發送給學生註冊系統，確認註冊內容無誤後，每個學生都將獲得一組 ID 號碼以供未來辨識，而學生和雇主名單將保存在區塊鏈中確保資訊安全。

STU 代幣生態圈介紹

　　STU 生態系統包括 bitJob 實體管理部門、bitJob 程序控制部門、學生和雇主。STU 幣具有連結整個生態系統運作的關鍵作用，無論式平台使用費用、薪資支付以及加強學生使用加密貨幣的激勵機制，皆是採用 STU 幣的形式執行，bitJob 更預期未來 STU 幣的使用將擴展到當地校園和電子商務。

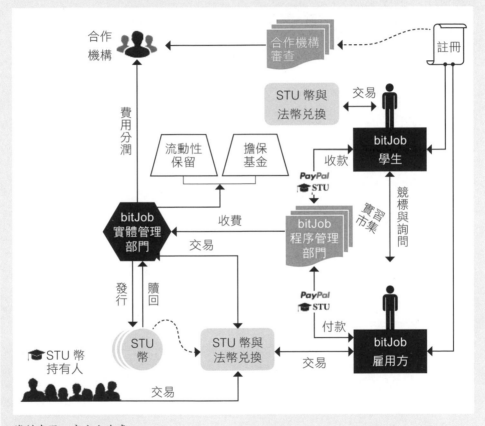

資料來源：官方白皮書。

上網搜尋 STU 代幣交易歷史：

https://etherscan.io/address/0x0371a82e4a9d0a4312f3ee2ac

9c6958512891372

參考資料來源：https://bitjob.io/

互聯網	商業服務
Internet	Business Service

贊助線上課程區塊鏈
BitDegree

網路科技的興起，做各行各業均產生劇烈變化，其中，對教育的影響尤其深遠。傳統教育是學習前人累積下的知識，但缺乏與時俱進的資源匯入；網路與全球互動的特性，顛覆了舊有的教育學習模式，提供最新的實用知識，各種線上教育課程方興未艾。

代幣小檔案

ICO 代幣名稱：BDG
ICO 代幣初始價格：1BDG = 0.08USD
ICO 代幣發行地區：立陶宛
ICO 代幣銷售開始日：2017.12.01
ICO 代幣銷售結束日：2017.12.29
ICO 代幣募資總額：約 22,500,000 美元
ICO 代幣現值：約 1,810,511 美元

Fusion$360

上網搜尋 BitDegree ICO
相關資訊
https://lastmile.fusions360.com/
market/detail/d236648faa7a956
766a32324ecb603ac820d000d

透過贊助專業學習　讓企業找到符合職能需求的員工

　　與一般線上課程供應商不同的是，BitDegree 試圖為企業提供應有的人才。在 BitDegree 平台上，企業可創建課程，透過預先篩選，並通過線上學習獲得新人才，尋找適合員工。在 BitDegree 平台上，贊助者如公司主管、人力資源公司，或是政府及非政府組織，均可建立線上課程，並設立課程參與獎勵

金，鼓勵學生透過課程，學習機構所需的專業技能。贊助者更可追蹤參與課程者的學習狀況，發掘特定技能人才，以進一步挖角任用。

破壞式創新

區塊鏈線上課程　職場人力贊助媒合

網際網路帶動線上課程的蓬勃發展，前 10 大線上課程公司已擁有超過 1 億名的註冊使用者，有好幾家公司的營收達到 6 千萬美元。隨著越來越多企業員工與學生等潛在使用線上學習平台的使用者，各種專業線上課程的需求不斷成長，預期至 2020 年，光是歐盟市場的營收將達到 9 百萬歐元。

而 BitDegree 是以區塊鏈為基礎的線上課程平台，透過代幣獎勵、學習進度追蹤系統，提供企業培訓社會新鮮人的絕佳學習管道，讓新進員工的能力可以更符合公司所需。一般學生則可透過線上課程，培養工作能力，提高職場競爭力。

BitDegree 平台同時解決了就業市場中缺乏高科技人才的問題，透過線上課程 BitDegree 提供企業訓練員工的專業能力，運用區塊鏈獎勵機制的誘因，鼓勵學生來參加平台上的課程。

平台的數位服務提供者可透過贊助方式，讓學生學習使用新產品。學生參與 BitDegree 平台的線上課程，除可以拿到 BDG 幣獎勵金，最重要的是充實自己的實務技能，提高職場競爭力。

在就業人力市場中，高科技員工一直處於短缺狀態。根據 Jobtive 研究，65% 的招募者認為，專業人才短缺是招募員工時遇到的最大挑戰。另一方面，學生在裡大學所學的與職場實務應用存在著極大的落差，大學生通常須透過實習或其他管道去獲取職場所需的技能。

　　企業透過 BitDegree 線上學習的平台來訓練社會新鮮人。區塊鏈的獎勵機制，同時提供企業與學生獎勵誘因。贊助課程內容的企業可以檢視學生參與線上課程的學習狀況，發掘優秀的學生、進一步錄取任用。

BDG 代幣生態圈介紹

　　BDG 生態系統包含平台、數位服務提供者、贊助者、學生以及貢獻者（例如內容提供者、協助者及指導老師）等角色。贊助者購買 BGD 幣以設立課程及獎勵制度，贊助者可追蹤學生的學習狀況，進一步訓練並任用學習成績良好的學生。數位服務提供者也可以透過贊助方式，提供 BGD 幣獎勵來鼓勵學生學習新的線上課程。參與平台的其他貢獻者，也可根據對平台的貢獻度獲得 BDG 代幣獎勵。

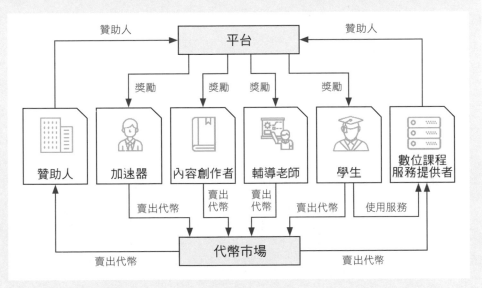

資料來源：官方白皮書。

上網搜尋 BGD 代幣交易歷史：

https://etherscan.io/address/0x1961b3331969ed52770751fc718ef530
838b6dee

參考資料來源：https://www.bitdegree.org/

平台　教育

Platform　Education

線上租賃房屋　使用代幣零佣金
beencst

beenest 是全球第一個提供共享房屋租賃服務去中心化的平台，直接鏈結房屋提供者以及有短期租用住所的需求者，提供零佣金的服務，一如蜜蜂協力築巢，實踐了房屋租賃共享經濟！

代幣小檔案

ICO 代幣名稱：BEE

ICO 代幣初始價格：1BEE = 0.14USD

ICO 代幣發行地區：美國

ICO 代幣銷售開始日：2018.01.31

ICO 代幣銷售結束日：2018.02.13

ICO 代幣募資總額：約 15,000,000 美元

ICO 代幣現值（2018.10.17）：約 1,525,641 美元

Fusion$360

上網搜尋 BEE ICO
相關資訊

https://lastmile.fusions360.com/
market/detail/085bc06d9938ab2
72509fbd730355877b9452c9a

租屋免手續費　去中心化的共享經濟

共享經濟當道，Uber、AirBnB 等平台成為大型的知名共享經濟中介商，收取高額手續費並主導仲裁糾紛。beenest 創新提倡去中心化的共享經濟，運用去中化的區塊鏈信任機制，創造支付、仲裁以及聲譽三種協議，讓買賣雙方可以透過智能合約來進行 P2P 租屋交易。此外，beenest 也發行代幣，可用以支付房租，而無須支付手續費。擁有 beenest 幣者，更可參選成為仲裁協議的仲裁者，讓共享經濟成為可自主運作的生態機制。

去中心化商業模式　使用代幣租賃房屋

beenest 是一個提供房屋租賃共享經濟的分散式平台，房屋提供者可以在該平台上刊登他們欲出租的房屋，而有臨時租賃需求的客戶可以透過平台以最便宜的價格找到符合需求的住宿環境。

另一方面，因為是去中心化的商業模式，beenest 平台設有第三方調解機制，遴選 BEE 幣持有人組成調解團，透過調解機制，解決屋主或房客在租賃交易過程產生的爭議。平台透過網路激勵、免佣金交易，以及安全的房屋共享機制來吸引使用者，以藉由增加使用者人數，提高 BEE 幣的貨幣價值。

多種支付選擇　法定貨幣代幣都可行

beenest 租屋平台上價格標示方式可採用法幣、以太幣、比特幣或是 BEE 幣，不同貨幣標價方式平台會酌收不同的交易手續費用。平台當然希望使用者多多使用平台發行的 BEE 幣，故針對使用 BEE 幣的租屋者及租客，均有免手續費的優惠。

破壞式創新

去中心化生態圈　創造租賃雙方共享經濟

beenest 平台的整體運作設計主要是由 3 個協議來提供服務，首先是支付協議（Payment Protocol），在確保租戶和屋主在交易完成後，都能確實支付及回收代幣。仲裁協議（Arbitration Protocol）為透過仲裁團的判決投票來解決住宿的爭端。使用者的聲譽協議（Reputation Protocol）透過自動計算及維護，提供 beenest 平台內每個人的聲譽狀況供交易對象辨別。此外，該平台的協議也為研究開發人員提供開放基礎，讓他們可以致力開發其他去中心化的應用程序。

　　而為預防租賃過程發生爭議，beenest 也設計了一套預防機制，屋主和租戶都必需將 BEE 幣送到智能合約裡，只要過程沒有發生任何爭議，會在退房結帳日須支付的公布相關費用。此外，雙方亦必須預付一筆押金，如果屋主在確認交易時間點前取消，租戶將會收到屋主被沒收的代幣押金作為賠償，反之亦然。

beenest 代幣生態圈介紹

　　beenest 生態系統包括房屋提供者、短期房屋租用需求者以及 beenest 平台。平台使用 BEE 幣作為交易媒介。使用 BEE 幣在 beenest 平台上進行交易，佣金為零；如使用比特幣、以太幣，或和其他 ERC20 等代幣佣金為 1%；法定貨幣則為 3.99%。另外，持有 BEE 幣者，即有被遴選為 beenest 仲裁協議中的仲裁者的資格。用戶持有的 BEE 幣越多，在平台的信譽越高，被選中作為仲裁者的機會也越大，在參與完成仲裁議題後，還可以獲得 beenest 平台給予 BEE 幣作為獎勵。

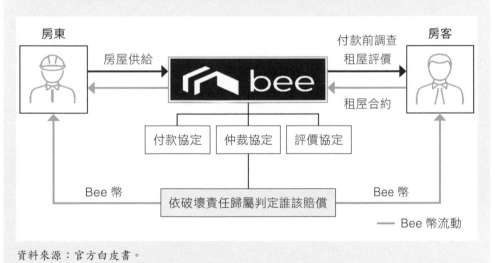

資料來源：官方白皮書。

上網搜尋 BEE 代幣交易歷史：

https://etherscan.io/token/0x4d8fc1453a0f359e99c9675954e656d80d

996fbf

參考資料來源：https://www.BEEtoken.com/

不動產

Real Estate

全球首創區塊鏈行銷平台
HOQU

全球第一個去中心化、區塊鏈概念的線上行銷聯盟平台誕生了，現在透過區塊鏈平台的運作，廣告主能更有效率的投放廣告，從事行銷廣告夥伴聯盟可以直接接觸客戶群，並有效分析運用大數據。

代幣小檔案

ICO 代幣名稱：HXQ

ICO 代幣初始價格：1ETH = 5000HXQ

ICO 代幣發行地區：英國

ICO 代幣銷售開始日：2017.11.27

ICO 代幣銷售結束日：2018.02.26

ICO 代幣募資總額：約 15,000,000 美元

ICO 代幣現值（2018.10.17）：約 1,018,638 美元

Fusion$360

上網搜尋 HOQU ICO
相關資訊

https://lastmile.fusions360.com/
market/detail/93e284667da797c
3ee8587483cbcd471a66cd851

去中心化的廣告平台　精準直擊目標客群

　　HOQU 是一個運用區塊鏈技術創建廣告行銷效益的平台，目的在打造一個去中心化生態系統，並透過平台，提供廣告聯盟會員與相關行銷產品之間精準、公開透明的營銷服務。

　　HOQU 平台整合廣告主、廣告會員聯盟（類似專門做行銷廣告的行銷人員），以及行銷廣告聯盟（affiliates）相關網絡，可大幅降低行銷產業中各方參與者的財務成本，同時讓廣告會員聯盟的報酬分配更加公平、透明、有效

率，透過各方認同的標準，讓所有行銷環節裡的參與者，均能確實從中受益。透過智能合約的約束規範，廣告主可節省超過 44% 的廣告預算。

建立互信　共創共享

目前廣告主如果想在網路上做廣告或行銷，通常會創建屬於自己的行銷會員聯盟，或使用現有會員聯盟的行銷架構。如此一來，不僅需要向這些行銷聯盟公司支付費用，還要提防潛在的詐欺行為，在此之中，互信是一項很重要的元素。

好比有些專門從事行銷廣告的聯盟會員，會假冒客戶點擊網頁下單來衝流量，而另一方面，廣告主也有可能以訂單未完成的理由，拒絕支付雙方已談定的報酬。長期以來廣告主和行銷聯盟會員之間運作不透明性，使得雙方爾虞我詐屢見不鮮。

破壞式創新

透明的交易環節　徹底消滅詐欺行為

在線上行銷廣告中，最大的難題在於資訊不透明下所產生的隱瞞詐欺行為。然而，透過區塊鏈的技術和智能合約、聲譽管控系統和 CPA（Cost Per Action）廣告成本系統，HOQU 可以完全消除欺詐的可能性，因此每個環節的交易與變動都是透明的。

HOQU 行銷平台去中心化的特色，使廣告主和行銷會員聯盟間無須透過仲介即可直接互動，確保在智能合約中的每筆交易都只須付出合理的成本。廣告主可以輕鬆創建給廣告行銷夥伴的提議和出價，過程與每個變動全部儲存在區塊鏈中。

分享大數據　降低成本

HOQU 平台對於從事廣告行銷的聯盟會員們也有助益，大家可以共享軟件開發工具包（SDK）資源，大幅降低成本。同時，所有在平台上註冊廣告行銷會員聯盟夥伴均可以在透明公平的機制下共同參與網絡的專案活動。

例如，HOQU 平台將所有數據存儲在區塊鏈上，供加入的廣告主查閱行銷會員聯盟的行銷計畫專案，分析相關產業所需的客戶類型的網路行為（點閱瀏覽、下載程式、來電、銷售等）等結果，用戶可以便利、容易上手的方式，利用平台上提供的資訊。

與傳統的行銷廣告聯盟相比，HOQU 平台只收取 0.5% 的交易佣金，從事廣告聯盟也無需支付平台使用費，大幅降低平台使用者的預算成本。

HQX 代幣生態圈介紹

HQX 生態圈包括廣告主、行銷廣告會員聯盟、會員聯盟間使用的網絡、客戶消費者，成員之間立基於區塊鏈的方式連結運作。在 HQX 生態系統內，廣告主和廣告會員聯盟之間可以直接聯繫，廣告會員聯盟間亦可相互合作。

HQX 幣是 HOQU 平台上成員之間交易使用的代幣，不論是廣告主、廣告會員聯盟對平台、廣告主向廣告會員聯盟夥伴之間的支付來計算，都是透過 HQX 幣進行，可以採美元公告價格、浮動代幣價格，或潛在客戶值價百分比來計算。

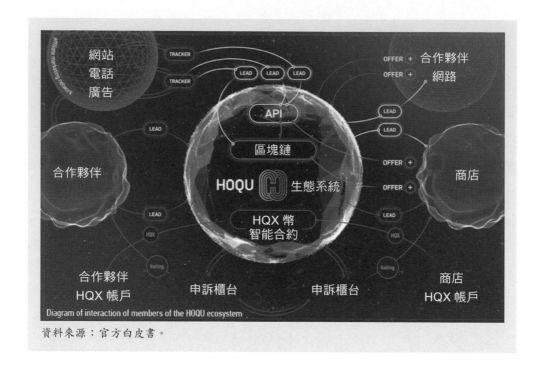

資料來源：官方白皮書。

 上網搜尋 HQX 代幣交易歷史：

https://etherscan.io/address/0x1b957dc4aefeed3b4a2351a6a6d5cbfbb

a0cecfa

資料來源：https://www.hoqu.io/

| 軟體 | 平台 | 商業服務 |

| Software | Platform | Business Services |

流行音樂市集區塊鏈

VIBERATE

打破音樂產業巨頭壟斷　重新分配獲益

流行音樂界龐大的資源利益，集中於少數大型音樂經紀公司身上，VIBERATE
平台整合主辦單位、音樂表演者、以及觀眾，透過音樂資訊公開化，打破獨占
壟斷，重新分配流行音樂表演產業利潤，成為全球最大的表演者資源市場。

> ### 代幣小檔案
>
> **ICO 代幣名稱**：VIB
> **ICO 代幣初始價格**：1VIB = 0.1USD
> **ICO 代幣發行地區**：斯洛維尼亞
> **ICO 代幣銷售開始日**：2017.09.05
> **ICO 代幣銷售結束日**：2017.09.05
> **ICO 代幣募資總額**：約 10,714,285 美元
> **ICO 代幣現值（2018.10.17）**：約 8,043,797 美元

Fusion$360

上網搜尋 VIBERATE ICO
相關資訊

https://lastmile.fusions360.com/
market/detail/da515fa7025f1fb2
ac6d93997231bb53f97d7dda

終結音樂市場寡占

　　Viberate 是一個整合音樂市場的市集平台，結合主辦方、音樂演奏者及觀
眾，打破過往由大型音樂公司獨吞利潤的模式，讓各方參與者皆能獲得應有的
收益。觀眾可以透過平台上的智能搜尋，找到自己喜愛的歌手種類，並給予贊
助；演唱會籌辦者也可透過相同方式尋找自己中意的演奏者。一旦雙方同意，
相關的條件就會被寫進智能合約中，並透過區塊鏈的「時間郵戳」加密封存。

　　Viberate 運用區塊鏈發行可鼓勵音樂圈社群活動的 VIB 幣，在平台的論壇上張貼內容、邀請朋友加入社群，或是對於 Viberate 官網數據庫的貢獻，例如添加新的藝術家及演唱場地等，都可以得到 VIB 幣。

　　Viberate 平台包含 B2B 及 B2C 兩種營運模式。在 B2B 商業模式中，Viberate 扮演交易市場、特定對象的廣告平台、媒合交流的工具，並提供數據分析的服務。在針對消費者的 B2C 模式中，則主要藉由在售票演唱會中，抽取佣金獲得利潤。

破壞式創新

公開所有音樂表演資料　打破壟斷

　　現場演唱會是現代流行音樂產業重要的一環，但相較於線上串流音樂的盛行，現場演唱會始終沒有明顯的演進，仍是由一些主要的音樂經紀公司或唱片公司所壟斷。這些經紀公司旗下擁有頂級的表演明星藝人，舉行演唱會從中獲利。Viberate 主張資源與利益應該去中心化，透過區塊鏈技術打破音樂產業集中壟斷的現象。

　　Viberate 平台公布所有音樂表演資料，任何人皆可查閱音樂演出的紀錄、表演者簡介、粉絲評論等等資訊，而且增加新的表演藝人簡介（profile）。粉絲可以依平台公開資料給予支持，廠商也可透過此管道，為藝人提供表演機會。

　　資料庫裡廣大的資料數據係透過網路上 5 萬多人的貢獻協同彙整而來。然而，當時這群人當初並未獲得任何回報。現在，透過區塊鏈技術，Viberate 平台可以其所發行的 VIB 幣作為回饋獎勵。

　　目前已經有將近 40 萬筆歌手、場館和活動的資料收錄在 Viberate 平台裡，這些資料被眾多網友進行排名、製作和策劃，對各種音樂表演進行公正的評估。

VIB 代幣生態圈介紹

　　Viberate 平台包含數據庫、社群、整合資源的能力和市場功能 4 大要素。在這個音樂生態圈中，生態圈中有幾個主要角色，包括音樂藝人、音樂場館、主辦單位、售票系統。Viberate 的創新在於平台會公布所有音樂表演者的簡介，同時提供各種平台可使用相關的管理工具，讓會員可以彼此互通交流，爭取更多商業的機會。

　　VIB 幣為 Viberate 平台發行的虛擬貨幣，主要應用在贊助各個演唱者，以及於 DTX（Digital Ticket Exchange）購買演唱會票券等交易使用。在平台上也可使用以太幣，兩者可以進行直接交換。用戶可以通過社交活動獲得 VIB 幣獎勵，例如在論壇和社群媒體上貼文、邀請朋友加入社區、發布分享由 Viberate 提供的宣傳內容等。此外，對 Viberate 的數據庫作出貢獻，比如添加新的音樂藝人藝術家，更新場地或者其他事件到數據庫，或對現有配置文件建議進行更改等，都可以得到 VIB 幣獎勵。

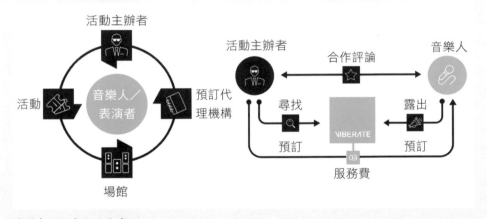

資料來源：官方白皮書。

VIB 代幣交易歷史：

https://etherscan.io/token/0x2C974B2d0BA1716E644c1FC59982a89

DDD2fF724

參考資料來源：https://www.viberate.com

市集　　音樂與藝術　　平台與生態圈

Marketplace　　Music & Arts　　Platforms & Ecosystems

人工智慧零售平台
Eligma

一站式平台　提供更聰明的消費體驗

透過 AI 人工智慧及區塊鏈技術，Eligma 平台具有認知辨識功能，提供一站式服務，幫助使用者在線上發掘、購買、追蹤和轉售商品，使全球貿易門檻降低，提供更加智慧化的交易體驗。

破壞式創新

ICO 代幣名稱：ELI
ICO 代幣初始價格：1 ELI = 0.1 USD
ICO 代幣發行地區：斯洛維尼亞
ICO 代幣銷售開始日：2018.04.17
ICO 代幣銷售結束日：2018.05.10
ICO 代幣募資總額：約 10,056,000 美元
ICO 代幣現值（2018.10.17）：1 ELI = 0.010471 USD

Fusion$360

上網搜尋 ELIGMA ICO
相關資訊
https://lastmile.fusions360.com/
market/detail/924354e126344d
9a24afdad01c46bbd0b7f97a0e

　　觀察 Eligma 的發展願景，就是發展可透過 AI 人工智慧來幫助賣家觀察全球各處電子商務平台，以及二手市場商品價格動態的電子商務機器人，預測並提醒賣家相關商品的最佳賣出時機，並運用區塊鏈經營客戶忠誠計畫，提供代幣獎勵方案。

　　Eligma 是一個以 AI 人工智慧及區塊鏈技術為基礎研發之具有認知能力的商業平台。它改變人們在線上發現、購買、追蹤和轉售商品的行為方式，透過一站式服務連接現有的電子商務平台及二手市場，在全球各地進行交易買賣。

破壞式創新

結合區塊鏈與 AI 人工智慧　提供更聰明的消費體驗

Eligma 提供統一的消費購物帳戶，讓使用者可以在同一個地方直接連結和管理所有電子商務的消費購物的品項。在存貨倉庫裡，使用者可以透過 AI 人工智慧來預測目前以及未來他們所持有貨物的價值。使用者可立即篩選庫存，判定哪些存貨應該趕快脫手，或是設定最佳出售時機的自動通知。

Eligma 的目標是透過 AI 技術成為消費者個人購物助理，提供使用者更聰明的消費體驗，透過聯結現有的電子商務平台與和二手市場，為使用者提供完整的一站式服務。

Eligma 提供的服務，有 3 大主要功能，包括發掘、存貨和忠誠計畫。

1. 發掘：Eligma 透過搜尋關鍵詞及 AI 運算分析使用者個人特徵，例如消費偏好、行為以及當前位置及存貨等提供使用者全球檢索結果。此外，Eligma 還會藉由比較價格與品質和其他偏好評論來建議使用者採購最合適的商品。

2. 存貨：存貨管理服務的使用者，可以透過 AI 分析當地市場價值和需求、商品條件和期限以及其他競爭商品等因素，以分析當前商品價格，並預測未來的價格走勢，幫助消費者快速挑選適合轉售的二手商品，或是設定使用自動通知來決定何時出售。

3. 忠誠計畫：Eligma 透過 ELI 幣機制，提供一個整合開放性的全球忠誠系統，幫助使用者無須受限於某零售商的忠誠卡，均可同樣獲得 ELI 幣作為獎勵。舉例來說，當某用戶從商家購買選定的商品，或是在一段時間內持續購買某個產品，該用戶就將獲得 ELI 幣作為獎勵。

同時使用者也可以透過完成特定任務來獲得 ELI 幣獎勵，例如於平台註冊、消費，填寫完整的個人資訊或是引進新平台用戶及商家，皆可獲得 ELI 幣獎勵。

ELI 代幣生態圈介紹

ELI 代幣生態系統包括商家、買家（消費者）和 Eligma 平台。當使用者需要在平台上使用特定功能時，則須支付一些 ELI 幣，例如搜索特定商品條件、申請二手商品在二手網路商店上架、Eligma 的第三方支付信託付款服務、去中心化的商品銷售服務、在平台刊登廣告以及購買獨家產品以及未來會員的服務。

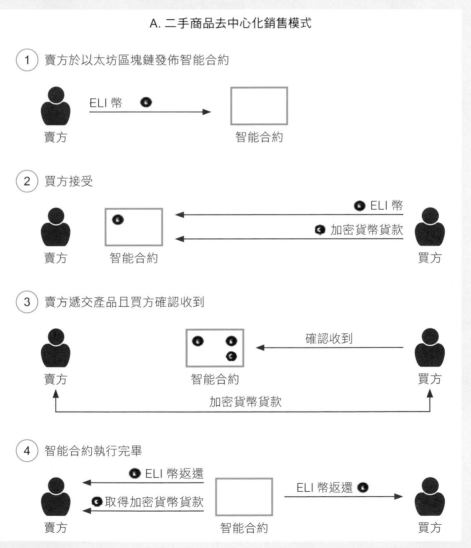

A. 二手商品去中心化銷售模式

① 賣方於以太坊區塊鏈發佈智能合約

② 買方接受

③ 賣方遞交產品且買方確認收到

④ 智能合約執行完畢

資料來源：官方白皮書。

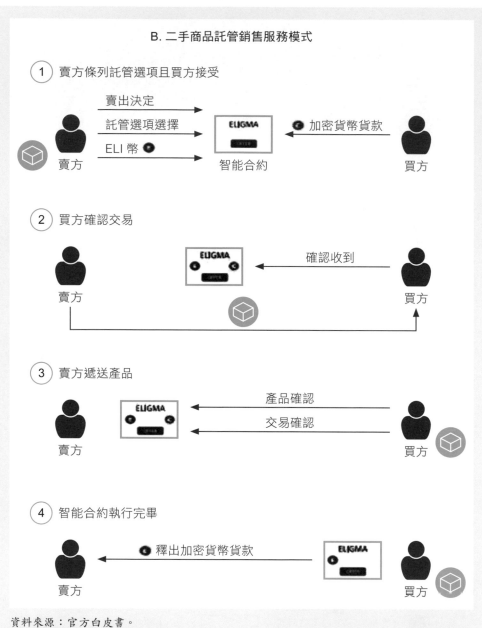

B. 二手商品託管銷售服務模式

① 賣方條列託管選項且買方接受

② 買方確認交易

③ 賣方遞送產品

④ 智能合約執行完畢

資料來源：官方白皮書。

上網搜尋 ELI 代幣交易歷史：

https://etherscan.io/token/0xc7c03b8a3fc5719066e185ea616e87b88e

ba44a3

參考資料來源：https://www.eligma.io/

人工智慧　　平台　　零售

Artificial Intelligence　　Platform　　Retail

同時進行購買與行銷的消費者生態系
ShPing

將行銷利潤直接回饋予消費者

如果，可以讓消費者直接為產品宣傳或見證，將以往支付給廣告代理商的行銷費用，直接回饋獎勵消費者對產品行銷的貢獻，在區塊鏈生態圈裡，這樣的想法已經可以實現！消費者就是你最佳的廣告代理商。

代幣小檔案

ICO 代幣名稱：SHPING

ICO 代幣初始價格：1SHPING = 0.01ETH

ICO 代幣發行地區：澳洲

ICO 代幣銷售開始日：2018.02.22

ICO 代幣銷售結束日：2018.03.23

ICO 代幣募資總額：約 $6,631,311 美元

ICO 代幣現值（2018.10.17）：

1SHPING = 0.000491USD

Fusion$360

上網搜尋 Shping ICO
相關資訊

https://lastmile.fusions360.com/
market/detail/f7af0e6c8aa78396
7ac99a4e5c85f5b3fd63afa5

去中間商　將行銷預算作為對消費者的獎勵

　　ShPing 是全球首創整合購物者行銷、品牌保護、產品安全和全球產品數據庫的區塊鏈生態系統。平台為品牌商和零售商透過平台所提供的管道，能讓消費者在購物的同時，進行直接的行銷。與傳統廣告平台不同的是，Shiping

將金流直接獎勵那些願意將注意力放在自身產品並參與評價的消費者，而不是向媒體或廣告代理商支付廣告費用；換句話說，改由消費者來助力產品行銷，將大幅提高行銷預算的效益。

ShPing 的 APP 可協助消費者了解產品相關訊息，包括確保所購買商品為真品、掌握產品回收狀況以及檢視其他 ShPing 用戶對產品評論，使消費者根據充足的資訊，做出更明智的購買決定。

ShPing 平台發行 SHPING 幣，無論是品牌商、零售商、認證機構或是其他授權代理商都可用以獎勵購物中的消費者，進而影響消費者的購買決策，同時確保消費者所購商品真偽，提升客戶忠誠度。

即時互動　隨時行銷

ShPing 結合行銷與消費者互動的機制，讓所有加入 ShPing 的品牌商均可透過 SHPING APP 來獎勵瀏覽自家產品的消費者，品牌商可以更輕鬆、有效地維繫客戶忠誠度、提供更豐富的產品和促銷訊息來影響購買決策，以及售後的服務溝通。

此外，針對零售商，藉由 ShPing 的零售模組也可以讓他們與消費者建立一個更具成本效益的行銷管道，提高商店內產品的流量，把握商機即時推出特定產品的快閃銷售等等活動。

消費者藉由 ShPing APP 掃描產品條碼，可獲悉 ShPing 全球產品數據庫中的各種資訊，例如產品手冊、其他使用者的產品評論等等，以做出購買決策。

另一方面，ShPing 也以 SHPING 幣獎勵機制來鼓勵用戶對產品做出行銷貢獻，例如用戶驗證產品資訊的真實性、添加產品評論、新增一些不能在全球產品數據庫中找到的產品詳細資訊，或是引薦新的 ShPing 用戶成為 ShPing 麻吉（ShPing Buddies）等。一旦消費者完成以上的任務，就會收到來自 ShPing 的獎勵。

大數據靈活分析運用　進行精準行銷

　　ShPing 區塊鏈的消費生態圈為品牌商和行銷人員提供一個全新且更精準的行銷管道——當消費者掃描產品條碼時，品牌商可以立即向消費者發送有用的產品資訊和促銷活動。藉由蒐集消費者行為數據，品牌商能夠獲得、分析消費者購買行為的寶貴數據，進而從中解析富含經濟效益的資訊，作為未來產品設計及發展策略。

　　ShPing 還為品牌擁有者提供強大的品牌保護和安全功能，免於市面仿冒偽造產品的損失，透過序列化的全球貿易項目編號（SGTIN），製造商也能識別其供應鏈，以追蹤每個產品的出處與產地來源。

ShPing 代幣生態圈介紹

　　ShPing 生態系統包括品牌商、認證機構、零售商、ShPing APP 和消費者。凡是透過 APP 與平台上產品進行互動，並參與其他 ShPing APP 用戶購買前和購買後之活動，例如通過掃描和驗證產品資訊，以及增添全球產品數據庫中未能找到的其他與產品相關的有價值資訊，都能獲得平台發行的 ShPing 幣獎勵。

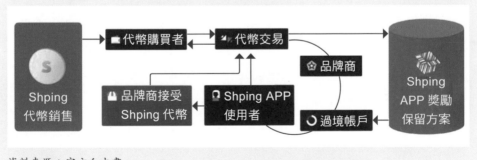

資料來源：官方白皮書。

上網搜尋 ShPing 代幣交易歷史：

https://etherscan.io/token/0x7c84e62859d0715eb77d1b1c4154ecd6a

bb21bec

參考資料來源：https://www.shping.com/

https://tokensale.shping.com/

| 零售 | 媒體 | 平台 | 大數據 | 溝通 | 電子 |

| Retail | Media | Platform | Big Data | Communication | Electronics |

影像產業新經濟
KODAKOne

KODAKOne 為攝影產業打造了一個革命性的圖像智慧財產權的管理及保護平台,透過區塊鏈加密及 AI 網路圖片辨識技術,讓影像的著作權受到更周全的保護。

代幣小檔案

ICO 代幣名稱:KODAK
ICO 代幣初始價格:1KODAKCoin = 0.25ETH
ICO 代幣發行地區:美國
ICO 代幣銷售開始日:2018.01.31
ICO 代幣銷售結束日:2018.03.31
ICO 代幣募資總額:約 2,000,000 美元
ICO 代幣現值(2018.10.17):未公開銷售

Fusion$360

上網搜尋 KODAKOne ICO
相關資訊
https://lastmile.fusions360.com/
market/detail/119895ac3fb6c06
11fb22f80e785fe87554147cc

以區塊鏈及人工智慧　保護攝影者的智慧財產權

　　除了影像器材,KODAK 現在也將利用區塊鏈及 AI 人工智慧來保護攝影者的智慧財產權。KODAK 幣是一個為攝影產業所創造的圖像智慧財產權的管理及保護平台,可助攝影師有效管理、貨幣化自身的圖像作品,來極大化資產價值。

　　當攝影師在平台上註冊的作品被出售或被授權給其他人使用時,可以獲得以 KODAK 幣形式支付的授權費用,同時也不怕被無良盜用,因為

KODAKOne 平台為了這些圖片創作者，特別提供長期的網路爬蟲與 AI 網路圖片辨識服務，一旦發現用戶的圖像未經許可被共享，平台將會有效地管理授權請求，以確保攝影師可獲得應有的權利。

百年影像王國的數位新旅程

數位影像的興起，讓昔日以底片、沖印照片起家的影像王國 KODAK 曾一度瀕臨破產。然而，隨著區塊鏈趨勢的興起，KODAK 創造了 KODAKOne 的嶄新計畫——一個圖像智慧財產權管理平台，透過智能合約提供攝影師與使用者一套立基於區塊鏈技術，簡單、透明、具有公信力的會計系統、圖像授權系統及支付系統服務。

透過 KODAKOne，買方和圖像授權方可以根據雙方設立的授權條款及條件，就圖像的所有權與著作權進行交易。

KODAKOne 和 KODAK 幣是由柯達與 WENN Digital 合作創立，KODAK 幣的前身可能是 WENN Digital 所開發的加密代幣 RYDE，因為兩者的品牌價值與商業模式極為相似。根據官方白皮書說明，KODAK 未來 2,000 萬美元的募集資金，將約有 43.9% 運用於 KODAKOne 平台的創新開發上。

透過 KODAKOne 平台，攝影師可以便宜、簡易的方式註冊成為會員，在平台上展示、授權數位圖像作品，並使用 KODAK 幣作為交易代幣。

破壞式創新

以網路爬蟲及 AI 人工智慧偵測影像是否被侵權

為了保護 KODAKOne 生態圈裡攝影師影像作品的著作財產權，KODAKOne 平台提供結合網路爬蟲與人工智慧的圖像侵權偵測服務，嚴密保護所有加入平台之攝影師的圖像著作權，一旦發現有網路使用者未經許可授權

共享攝影師創作的圖像,將會立刻採取事後授權的處理程序,以確保攝影師可獲得 KODAKOne 所承諾的服務。

根據知名圖庫網站 Shutterstock 的估算,全球每年在交易圖像、影像智慧財產權的市場規模高達 140 億美金。然而,在圖像產業裡,未經許可的線上照片濫用,一直是專業攝影師的心頭之痛。以往網路偵查圖像技術未達成熟,不易主張影像作品的著作權益,圖像辨識加上區塊鏈支付功能,極有可能是未來避免圖像未經授權被濫用的解方。

在 KODAKOne 平台上的影像交易,以根據授權方(攝影師)當初在平台所設定的授權條款及條件來授權圖像,一旦買賣交易成立,攝影師可以立刻獲得版稅獎勵,所有付款交易都以 KODAK 幣代幣運作。

KODAK 代幣生態圈介紹

KODAK 幣 的 生 態 圈 主 要 包 含 平 台、 攝 影 師 與 被 授 權 使 用 者。 透 過 KODAKOne 平台運作讓攝影師能夠授權他們的圖像作品給使用者,來獲得以 KODAK 幣形式支付的獎勵與收益;同時,通過區塊鏈技術及網路爬蟲服務,則可遏止未經授權圖片影像遭濫用的挑戰。

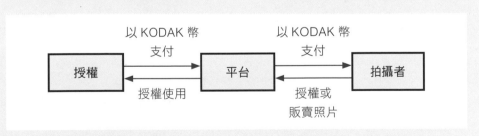

資料來源:官方白皮書。

所有授權條款及圖像版權都由智能合約妥善記錄與執行。KODAKOne 生態系統的成員可以隨時追蹤照片的使用情況,並保護成員對其影像作品的知識產權。實際的作法是,由於授權圖像必須連接特定 IP 地址,網路爬蟲可以精準標記已購買的圖像,一旦測到未獲授權就共享的圖像,KODAKOne 平台將協助攝影師對這些被侵權使用的圖像提出授權的聲明,以保障攝影師的權利。

上網搜尋 KODAK 代幣交易歷史：

https://etherscan.io/address/0x015d4d753be05ec001cafed0f331fd281

60abc3e

參考資料來源：https://kodakcoin.com

攝影　平台

Photography　Platform

音樂創作的直接銷售平台

Voise

現在獨立音樂創作者不必苦苦等候千里馬來賞識，透過區塊鏈加密貨幣技術，自己就可以發行音樂專輯！

代幣小檔案

ICO 代幣名稱：VSM

ICO 代幣初始價格：1VSM = 0.005ETH

ICO 代幣發行地區：西班牙

ICO 代幣銷售開始日：2017.05.06

ICO 代幣銷售結束日：2017.06.06

ICO 代幣募資總額：約 646 美元

ICO 代幣現值：約 737,328 美元

Fusion$360

上網搜尋 Voise ICO 相關資訊

https://lastmile.fusions360.com/market/detail/8e2cea53cd0f603f0e971670bc9829591f0551b9

創作者直接獲利　翻轉音樂傳播商業模式

音樂娛樂產業的市場龐大，隨著加密技術成熟運用，現在音樂創作者可以直接將創作音樂販售予聽眾，去除中介的層層分潤與行銷抽成，讓創作者得到實質回饋，打破音樂業產資源集中少數知名藝人與經紀公司的寡頭市場，讓獨立音樂創作者有機會出頭。消費者也可以聽到更多元的音樂，重新定義整個音樂傳播的商業模式。

VOISE 是一個分散式的音樂串流及下載平台，其創立宗旨為幫助獨立音樂創作者擁有可直接將音樂作品銷售給聽眾的管道，透過分散式區塊鏈加密技術的音樂串流平台，創作者不必被動等著伯樂來發掘，跳過音樂經紀公司、

行銷媒體與發行市場的中介剝削，直接與消費者對接，從中獲取百分之百的利潤。

破壞式創新

自由創新的音樂商業模式

VOISE 為音樂創作家提供一個完全自由的環境，音樂創作者透過開源授權的方式上傳他們的音樂作品，由音樂人自行訂價，平台上則提供約 30 秒的免費試聽音樂與愛好者及平台用戶交流分享，消費者在決定購買前可先試聽，確定購買時再透過平台發行的 VSM 幣來支付，並下載音樂。

整個 VOISE 生態系統的創新利基在於消除中盤商的仲介費，以大幅降低成本開銷，並將完整的音樂的收益保留給音樂創作者。

P2P 加密銷售　終結駭客盜版

數位音樂出現後，盜版與違法下載不易防堵，大部分音樂創作者的收入明顯降低。市場雖提供許多音樂接觸管道給觀眾選擇，但大多須收取高額費用，主要原因可歸咎於音樂發行過程的層層仲介，剝削消費者支付予音樂創作者的利潤。

VOISE 創新的加密貨幣技術為音樂產業提供了一個嶄新革命性的商業模式，讓音樂創作者將作品以貨幣化的形式在 P2P 線上銷售。以區塊鏈加密技術進行音樂的交易最大優勢在於駭客不易入侵及盜取創作內容，讓音樂創作者的權益獲得充份保障。

透過 VOISE 平台，音樂家除了可以銷售音樂作品，越受歡迎、被下載越多次的音樂，透過分散式自治組織（decentralized autonomous organization, DAO）的投票機制可以獲得額外獎勵，類似流行音樂市場的排行榜；不同的是，藉由加密貨幣交易，除支付少量的平台使用費，其餘的收益都直接歸屬

給音樂創作者。VOISE 開發團隊也計劃讓用戶藉由支付少量手續費，換取以法定貨幣交易權益。此機制將帶給平台更大發展空間、提供更友善的體驗，並吸引更多用戶註冊。

全球分散式自治 DAO 電台播放　票選發掘好音樂

除此之外，為了鼓勵音樂創作、發掘優質音樂人與好音樂，VOISE 生態圈也推出全球 DAO 電台功能，用戶可以透過平台投票選出最佳歌曲，並根據其他人的喜好、票選排行榜來發現新歌曲。投票過程所蒐集的資金，同樣也分配給上傳歌曲的音樂創作者，提供更多獲利機會。

VSM 代幣生態圈介紹

VSM 生態系統包括平台、音樂創作者和 VSM 代幣持有者（平台用戶）。音樂創作家在 VOISE 平台上可自由上傳音樂作品，並為作品設定價格，或是提供免費樣本曲目，在平台上尋求音樂愛好者的支持。一旦平台用戶有意願購買，即可以 VSM 幣做為支付工具，而音樂創作者將會獲得百分之百的收益。

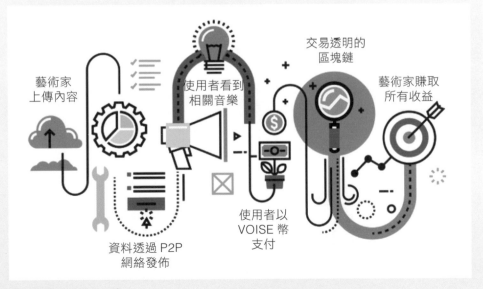

資料來源：官方白皮書。

上網搜尋 VOISE 代幣交易歷史：

https://etherscan.io/address/0x83eEA00D838f92dEC4D1475697B9f

4D3537b56E3

參考資料來源：https://www.VOISE.com/

娛樂　　藝術　　平台

Entertainment　　Art　　Platform

自由接案者的區塊鏈平台
Blocklancer

Blocklancer 想要解決自由工作者接案時可能遭遇的所有困擾，Blocklancer 在區塊鏈架構上，建造一個完全自主規範，去中介化的媒合平台，確保自由工作者不會做白工，領到應有的酬勞。

代幣小檔案

ICO 代幣名稱：LNC
ICO 代幣初始價格：1ETH = 10,000 ～ 15,000LNC
ICO 代幣發行地區：澳洲
ICO 代幣銷售開始日：2018.01.16
ICO 代幣銷售結束日：2018.02.16
ICO 代幣募資總額：約 300,000 美元
ICO 代幣現值（2018.10.17）：未公開銷售

Fusion$360

上網搜尋 Blocklancer ICO 相關資訊

https://lastmile.fusions360.com/market/detail/15074fd8d64bc869d50eefb3ae6b0da5217487f8

　　Blocklancer 平台創新運用區塊鏈與智能合約，建立一個自由接案的信任商業機制。當客戶發起一份工作合約，自由工作者可挑選合適的工作，開出期望薪資與條件進行競標，客戶從中挑選適合的自由工作者，雇佣合約隨即成立，同時智能合約會凍結客戶應付薪資額度的資金，確保合約完成時給付報酬。客戶和自由工作者可以在平台上互相評分，若過程中有紛爭產生，也可尋求仲裁，透過持有 LNC 幣者組成的仲裁法庭，以投票方式解決接案衍生的各種紛爭。

新工作形態　自由接案人口激增

自由工作市場是近年來成長最快速的產業之一。過去 10 年來，在美國從事自由工作的勞工由 3,000 萬人成長至 5,500 萬人，幾乎成長了一倍。這群自由工作者約占美國勞動人口的 35%，年產值約為 1 兆美元，為美國經濟體中相當重要的一環。

外包接案　低手續費　完全自主規範

Blocklancer 運作的模式是一個完全自主規範的平台，有需求的客戶發起一份工作合約，自由工作者可挑選合適的工作，開出要求的薪資條件競標。當客戶挑選到合意的自由工作者，雙方雇傭合約即成立，

此外，Blocklancer 提供監管合約的機制，預先凍結客戶應付薪資額度的資金，保證在合約完成後，自由工作者能領到酬勞。媒合每一案件僅收 3% 的手續費。

若自由工作者在期限內完成交付工作，客戶對成品也滿意，平台就會執行酬勞的支付，客戶端和自由工作者可以在平台上互相評分。當案件與客戶發生爭議時，Blocklancer 設有爭議仲裁機制，由代幣持有者組成的仲裁法庭（THT）以投票方式來審議判決解決紛爭，並確保付薪制度以及公平自主的紛爭協調。

破壞式創新

去中心化　打破仲介商集中壟斷

Blocklancer 另一個很大的貢獻在於讓自由工作者與客戶直接接觸，去中心化打破外包仲介商平台權力過大、收取高額手續費等現象，此外運用 THT 法庭仲裁制度，也大幅降低客戶及自由工作者發生爭議時調解的費用。

　　自由接案平台向來存在各種爭議，像是自由工作者沒有如期完成工作任務，或是客戶與自由工作者在合約結束後，得到不合理的負面評價等等。傳統仲介平台解決爭端的費用過高（費用可高達 500 美元），都讓平台參與人卻步。而傳統平台收取手續費用高、仲介機構過度權力過大，自由工作者還會面臨違約風險，可能做白工，領不到報酬。

　　Blocklancer 使用區塊鏈以及去中間化的概念，提高社群間的信任度。由 LNC 幣持有者組成的 THT 仲裁法庭，協助解決客戶及自由工作者間的紛爭，並降低相對於雇用專家或使用一般人力仲介平台所須付出的紛爭成本，同時讓 LNC 幣持有者也可從參與 THT 仲裁審議中賺取獎勵代幣。

LNC 代幣生態圈介紹

　　LNC 生態系統包含平台、客戶、自由工作者和 LNC 幣持有者等角色。自由工作者每次接案須支付酬勞的 3% 作為手續費。若客戶及自由接案者間有紛爭，則由代幣持有者組成的仲裁法官來進行紛爭協調系統，參與者可賺取獎勵代幣。擁有超過 1 萬 LNC 幣的持有者，能享受升級版的平台服務。

資料來源：官方白皮書。

上網搜尋 LNC 代幣交易歷史：

https://etherscan.io/address/0x63e634330a20150dbb61b15648bc738

55d6ccf07

參考資料來源：https://blocklancer.net/

商業服務

Business Service

新健康篇

用區塊鏈管理病歷　開啟醫療資訊自主時代
Medicalchain

把區塊鏈技術應用在醫療健康領域，最值得實現的就是個人醫療紀錄的保存。將病歷視作帳本，運用區塊鏈技術，個人也能擁有自己的醫療歷史數據。

代幣小檔案

ICO 代幣名稱：MTN

ICO 代幣初始價格：1MTN = 0.2USD

ICO 代幣發行地區：英國

ICO 代幣銷售開始日：2018.02.01

ICO 代幣銷售結束日：2018.02.01

ICO 代幣募資總額：約 24,000,000 美元

ICO 代幣現值（2018.10.17）：約 4,263,931 美元

Fusion$360

上網搜尋 Medicalchain
ICO 相關資訊

https://lastmile.fusions360.com/
market/detail/2fb409e6e485065
f79eb0748f8061508aa68fac3

　　Medical Chain 是一個讓醫療資訊可以被安全、快速且透明的交易和使用的去中心化平台。該平台利用區塊鏈技術打造以用戶為中心的電子醫療紀錄，並維持用戶的正確醫療資訊。Medical Chain 會在病患給予醫師、醫院、實驗室、藥師和保險業者相當的授權後，使其在一定的時間內獲取特定的醫療資訊。而機構運用醫療資訊的過程，均會記錄在 Medical Chain 的分散式帳本中，達成可被計算、安全、透明的目的。

Medical Chain 在遠距及健康管理的兩大應用

Medical Chain 也會在將來成為其他數位醫療科技應用的平台，用戶可以在智能合約的保護下，使用這些根據個人醫療資訊所打造的應用和服務。Medical Chain 目前正在研發兩種應用，包括醫病間的遠距醫療應用，以及健康資訊市場。遠距醫療應用使病患可在支付少量的醫療費用後，進行遠距離醫療；健康資訊市場則允許使用者與第三方協商醫療資訊的使用與應用。而Medical Chain 團隊及其他廠商也會持續增加不同種類的應用，帶給 MTN 幣持有者更多的價值。

跨機構醫療資訊處理　打破資訊不對等

醫療單位期待可以如其他行業一樣可以使用即時性資訊來改善對病人的服務，但醫療資訊因為各單位格式和標準的不同，而無法被廣泛使用。過去的醫病關係較傾向於權威式領導的診療互動，診所對於醫療行為所做的調查和測試，通常不會公開予未來的診療行作為參考。此外，患者的資料儲存於中心化的系統中，有被竊取的風險。整體醫療產業的不透明，以及遠距醫療崛起，需要更多醫療資訊。以上所提到的問題需要新的方法解決，以促進醫療產業的發展完善。

使用 Hyperledger 與 Ethereum「雙鏈」

Medical Chain 係使用「雙鏈」組成，第一條鏈是以「Hyperledger blockchain」組成，主要功能是控制醫療資訊的使用權，上面的資料須經由病患許可才能使用，病患也可以選擇他人可檢視資料的範圍和時間。而第二條則是被「以太坊」上的 ERC20 所控制，主要功能是提供所有平台上的應用和服務，也有智能合約的功能，讓某些服務可在達成某些特定條件後，被平台自動化執行。而識別身分系統則是採用 Civic 系統。這個系統是去中心化的，並使用生物辨識來保障用戶的隱私。。

MTN 代幣生態圈介紹

MTN 生態圈包括平台、用戶、研究人員、醫療提供者和保險公司。Medical Chain 的用戶可將他們的個人健康數據提供予平台，並授權健康數據給需求者，如研究人員、醫療服務提供者和保險公司，並獲得一定數量的 MTN 幣。以 MTN 幣支付一定額度的醫療費用後，即可換取醫療服務。

醫療機構除可獲得病患的健康資訊，並提供相應的醫療服務，也可以獲得額外的收入來源。保險公司獲得健康資訊後，將能夠在未來訂製更好的保險契約。Medical Chain 平台還允許其他人加入，以便為平台帶來不同類型的應用程式。

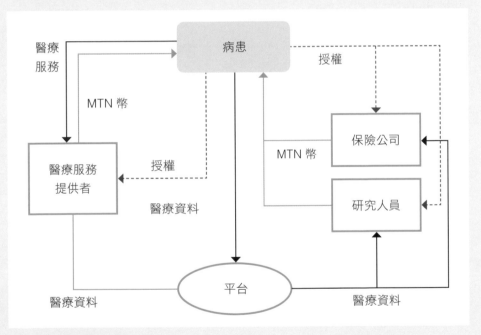

資料來源：官方白皮書。

上網搜尋 MTN 代幣交易歷史：

https://etherscan.io/address/0x41dbecc1cdc5517c6f76f6a6e836adbee

2754de3

參考資料來源：https://medicalchain.com/en/medtokens/

https://read01.com/RR44e0.html

醫療　　平台

Medical Care　　Platform

小錦囊篇

查證 ICO 實質交易

　　要查證 ICO 所發行的代幣是否有進行公開交易，可使用以太坊區塊鏈的瀏覽器工具 Etherscan（Etherscan.io）。任何在以太坊區塊鏈（public chain，或稱公鏈）上所發生之加密貨幣（包含與以太幣或與 ERC20 相容的代幣）交易，都可以用 Etherscan 瀏覽器來查詢交易的歷史紀錄。

　　以 Viberate 公司發行的 VIB 代幣為例，讀者可以在 Etherscan 網站首頁的右上角輸入代幣名稱 Viberate，選擇正確的代幣名稱或代幣智能合約地址，再按下「GO」按鍵進行查詢。

> 💡 小提醒
>
> 如果查不到該代幣名稱或交易紀錄，很可能是還沒有在以太坊的公鏈上進行發行，或甚至要合理懷疑該代幣是否為真正發行的代幣。

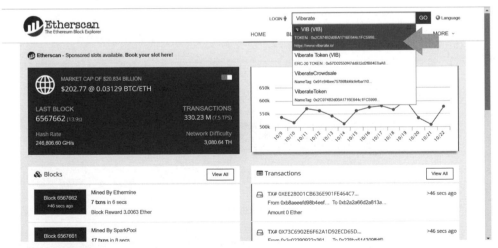

▲ 查詢結果出現後，查看頁面左方區域，顯示 VIB 代幣名稱與符號，以及目前有 39,356 筆代幣交易紀錄。

資料來源：Etherscan 網站。

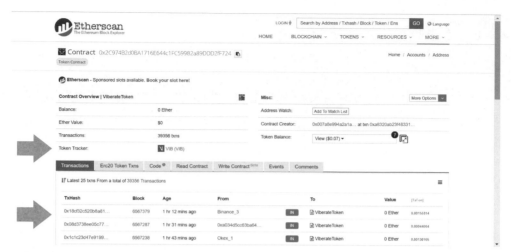

▲ 如果想進一步查詢每筆代幣交易的移轉日期、時間與數量，可點選「Transaction」頁籤下各項交易的 TxHash 欄位。 頁面將出現該代幣交易紀錄的送出方（From）與接受方（To），以及代幣移轉的總數量（Token Transfer）。
資料來源：Etherscan 網站。

　　加密貨幣交易所可提供加密貨幣不同幣種之間的幣幣交換，或是透過線上付款、銀行帳戶轉帳等，以法定貨幣（例如美元）進行代幣買賣。

　　除以上敘述外，讀者又該如何知道代幣在哪個交易所進行買賣？目前 CoinMarketCap 網站上可看到全球超過 1,500 種代幣的兌換價值、漲跌波動歷史紀錄，以及該代幣有進行上架交易的各處交易所。

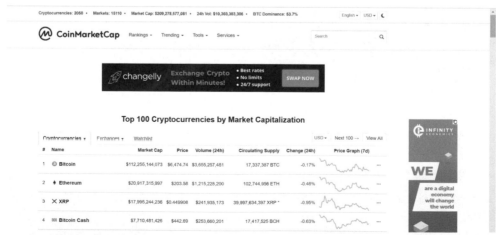

▲ CoinMarketCap 網站提供代幣檢索功能。
資料來源：CoinMarketCap 網站。

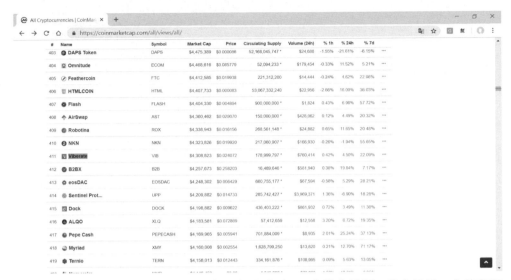

▲ 同樣地，以 VIB 代幣為例，我們也可在此看到 VIB 代幣的單價、總交易量、市值與漲跌幅度。按下該筆資料最右邊的「⋯」，可以進一步查詢代幣交易的明細。

資料來源：CoinMarketCap 網站。

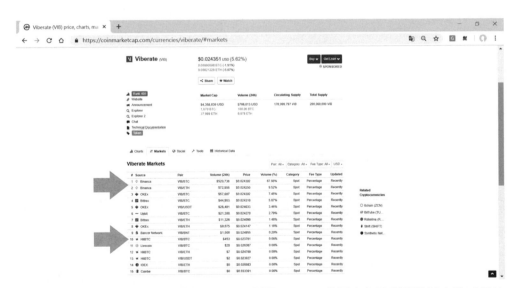

▲ 在頁面的左下角，可以看到有 Binance 以及 HitBTC 等兩處交易所提供以太幣或是比特幣作為 VIB 代幣買賣的交易所。

資料來源：CoinMarketCap 網站。

（續下頁圖）

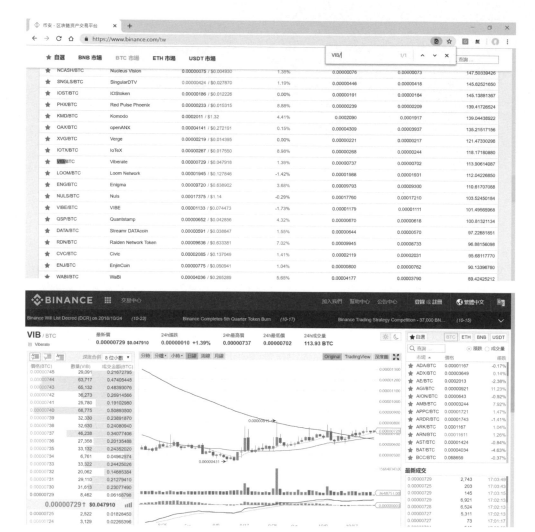

▲ 讀者可以進一步連到 Binance 網站，觀看 VIB 代幣的市場交易。如果讀者想要進行代幣交易買賣，就須註冊成為該交易所的會員。

資料來源：Binance 網站。

　　不過提醒讀者，各個交易所隨著各國金融監管法令的不同，必須配合真實身分查驗作業，以防範跨國洗錢或是資助恐怖活動。此外，各個交易所因常有巨額資金往來，常遭駭客覬覦而出現攻擊事件，請讀者務必留意各交易所的資安能力，並審慎維護個人帳戶密碼，避免遭駭客侵入，盜取個人錢包。

　　全球還有許多加密貨幣的交易所，如下所列，提供讀者參考：

1.COBINHOOD：https://cobinhood.com/

資料來源：COBINHOOD 網站。

2.BITTREX：https://bittrex.com/

資料來源：BITTREX 網站。

資料來源：BITTREX網站。

3.LIVECOIN：https://www.livecoin.net

資料來源：LIVECOIN網站。

建立自己的以太幣錢包

　　使用 MetaMask 以太幣錢包的好處是安全性高，因為它將用戶的區塊鏈私鑰（Private Key）放在客戶端的電腦上，並透過用戶自設的密碼加密，沒有第三方的中間機構介入或儲存客戶密碼，因此沒有中間機構監守自盜、盜用用戶帳戶私鑰或遭駭客入侵盜取私鑰疑慮。惟用戶需要自己記住密碼或是帳號回復種子單字組，如果都忘記，將永遠無法開啟錢包帳戶。

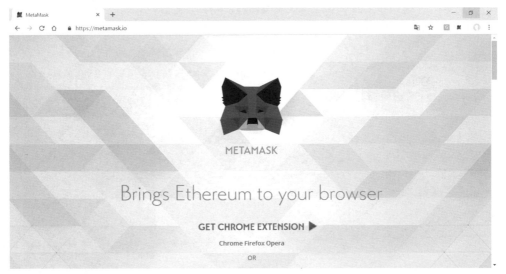

▲ 讀者可使用 Chrome 瀏覽器連線至 https://metamask.io，並安裝瀏覽器 MetaMask 以太幣錢包的外掛套件。

資料來源：MetaMask 網站。

▲ 開始安裝 MetaMask 以太坊錢包時，閱讀完注意事項後，必須先設定一組密碼用以保護區塊鏈私鑰。考量到用戶可能會忘記密碼，系統提供英文的種子單字組（seed phrase），讓使用者裁切後放在不同儲存地點，避免他人一次取得。忘記密碼時，用戶則可以該種子單字組（包含字組的順序）來恢復帳戶的存取權限。

資料來源：MetaMask 網站。

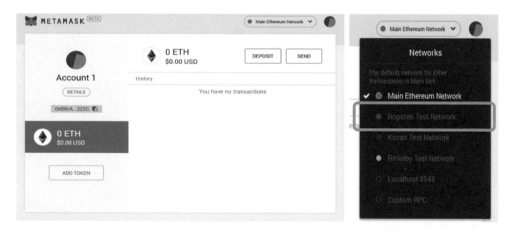

▲ MetaMask 安裝完畢後，第一個錢包帳戶即會出現，且該帳戶餘額為 0。一位用戶可同時擁有多個錢包帳戶，透過「Create Account」選單即可新增。在此也建議個人建立多個帳戶，需要交易的時候，再將足額的幣值轉入，避免單一錢包金額餘額過高，發生盜用災難時，才不會損失慘重。

資料來源：MetaMask 網站。

💡小提醒

請注意右上方會顯示目前連線的區塊鏈環境是公鏈或是其他的測試鏈（test chain）。並請留意每個錢包帳戶可以在不同的區塊鏈同時使用，但餘額不能互通與加總。

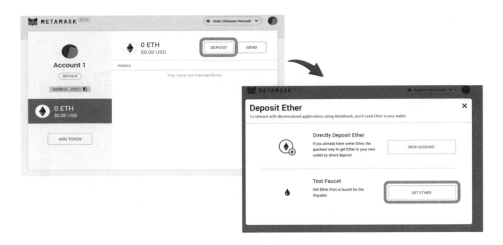

▲ 假設讀者要擁有可於公開市場交易的以太幣，記得選擇 Ethereum Main Net，並選擇某個錢包帳戶，按下「GET ETHER」。

資料來源：MetaMask 網站。

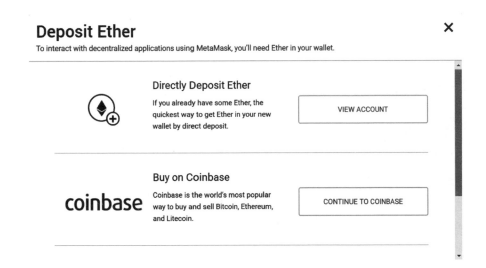

▲ 接下來，系統會導引用戶到預先設定的 Coinbase 加密貨幣交易所，以法定貨幣（例如美元）購買以太幣。不過，目前 Coinbase 交易所不支持台灣地區用戶，故台灣地區用戶可選擇 BitoEx（https://www.bitoex.com/）或 MaiCoin（https://www.maicoin.com/），以新台幣購買以太幣，再進行跨錢包的移轉（轉帳）。

資料來源：MetaMask 網站。

切換為Ropsten Test Network

▲ 假設讀者只是要體驗與測試以太幣的使用，可選擇 Ropsten Test Net，並選定某個錢包帳戶，按下「GET ETHER」。這時，頁面將導引到 Ropsten Test Net 提供測試用途的以太幣發放水龍頭（faucet）。

資料來源：MetaMask 網站。

▲ 不過提醒讀者，Ropsten Test Net 測試鏈原則上僅提供同一帳戶有限的以太幣贈送次數，如果短時間內按下太多次「request 1 ether from faucet」申請，會出用戶貪婪的警示訊息，並被列入黑名單。如果請求以太幣贈送成功，用戶的錢包就會出現以太幣金額，以及當時市場上的相對美元價值。

然而，當測試用的以太幣不再使用時，Ropsten Test Net 測試鏈也希望，若用戶不會再使用測試用的以太幣，可以將之捐回或歸還給測試鏈，以便其他用戶使用。

資料來源：MetaMask 網站。

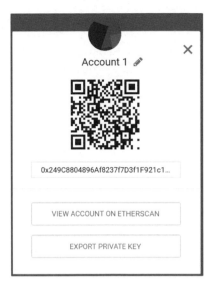

▲ 讀者如果要進行帳戶之間轉帳，可先選定錢包帳戶，選擇「Copy to clipboard」，複製錢包帳戶位址，提供給發款方；或是按下帳號圖案，出現 QR Code 二維條碼，提供給發款方掃描進行轉帳，反之亦然。按下「VIEW ACCOUNT ON ETHERSCAN」按鈕，則可看到本帳號轉入與轉出的所有交易明細歷史紀錄。

資料來源：MetaMask 網站。

💡 小提醒

讀者如果要於其他裝置平台，例如智能手機等行動裝置上，使用其他的錢包軟體來操作同一個帳戶，可以按下「EXPORT PRIVATE KEY」按鈕，輸出字串形式的私有金鑰（私鑰），並於其他錢包軟體進行設定，達成使用跨裝置平台錢包的目的。不過要提醒讀者特別留意，私有金鑰於匯出、匯入後應予以銷毀，或是妥善加密保管，避免被他人盜用。

Add Tokens

Search   Custom Token

Token Address

0x4BdD1bd3ddFc330c95ca1480c30e94c

Token Symbol

Ⓐ

Decimals of Precision

18

CANCEL   NEXT

▲ 如果要加入 ICO 專案，或新事業所發行 ERC20 代幣，可點選「TOKENS」頁籤，按下「ADD TOKEN」。此時可輸入 ICO 代幣發行的智能合約地址，按下「Next」，便可以看到代號為Ⓐ的代幣餘額，並且可以如同以太幣一般，進行轉帳交易。

資料來源：MetaMask 網站。

如何保護 MetaMask 以太坊錢包

LastMile 是去中心化的 ICO 服務，去中心化的核心就是參與者擁有決定權，這也代表 LastMile 服務的資安防線必須延伸到使用者處，並協助使用者認識使用加密貨幣錢包的風險，以及更重要的，透過學習保護加密貨幣錢包的方式，進一步降低並管理風險。

💡 **小提醒**

本教學中使用的加密貨幣錢包為 MetaMask，其中某些內容僅適用於 MetaMask，但大部分的通則也適用於其他加密貨幣錢包。

MetaMask 簡介

MetaMask 是瀏覽器以太坊錢包管理擴充套件，其為讀者於瀏覽器上直接與以太坊區塊鏈和去中心化應用程式互動的橋梁。LastMile 也是 DAPP，所以需由讀者自行安裝並透過，MetaMask 完成在 LastMile 上的各種交易行為。

MetaMask 支援 Chrome、Firefox 等主流瀏覽器，所有的程式原始碼也於 GitHub 開源，並受公開稽核。從過往大量的使用紀錄中未有重大被駭事件，以及正面良好的使用者回饋來看，作為一個線上與 DApps 互動的以太坊錢包，MetaMask 是足夠安全也值得被推薦的。

MetaMask 係透過 12 個隨機詞組構成的保險箱密碼保護讀者的以太坊錢包帳號。若用戶忘記 MetaMask 登入密碼，可透過提供這 12 個隨機詞組來取回 MetaMask 帳號；如須修改 MetaMask 密碼，也需要這 12 個隨機詞組，因此這 12 個隨機詞組和讀者的以太坊錢包同樣重要。本文重點將放在了解風險後，

用戶應如何保護這 12 個隨機詞組，以及自己的以太坊錢包帳戶，亦即我們接下來要介紹的私鑰（Private Key）。

什麼？以太坊錢包帳戶就是私鑰！

為避免混淆，接下來的部分內容，我們將以私鑰這個抽象科技詞彙，來取代以太坊錢包帳戶這個比較容易讓大家理解的用詞。

實際上，以太坊錢包帳戶指的就是私鑰，一個私鑰代表一個錢包帳戶。透過私鑰，可存取、操作這個以太坊錢包帳戶中的加密貨幣、代幣，而且使用者在以太坊上轉帳或操作智能合約上的函數時，傳送到以太坊上的資料都必須經過私鑰的簽署才會被核可。

因此讀者可以想像，私鑰的功能就像數位簽章或自然人憑證，可用來證明當前的操作真的是由本人所執行、內容真的是由本人所傳送，對象可放心相信這些操作和內容。

過去讀者可能聽過「寫在區塊鏈上的資訊難以竄改且較為可信」的說法，這種信賴，其中一部分就是建立在所有區塊鏈上的資料都是經過私鑰簽署後送出，經由不同組織信任後再個別寫入區塊鏈。敘述至此，讀者應該已經了解私鑰的重要性——它就等於用戶在以太坊上的身分，也是打開用戶加密貨幣保險箱的鑰匙，幾乎等同現金，所以需要被好好保管。

使用 MetaMask 的風險與對應措施

風險 1：私鑰被加密保存於瀏覽器本地資料儲存區

MetaMask 將私鑰加密保存於瀏覽器本地儲存區，這個方式，讓用戶私鑰變得既安全又危險。

● **安全的部分在於：**

用戶的私鑰只存在於自己的電腦上，沒有任何人可以在取得用戶的電腦控制權前，接觸到用戶加密的私鑰。就算成功取得加密的私鑰，也需要進一步解密，才能真正取得私鑰。但這也表示，用戶是世界上唯一要對自己私鑰安全負責的人。

● **不安全的部分在於：**

用戶的私鑰只存在於自己的電腦上，若電腦損壞，用戶的私鑰將從這個世界上消失；當用戶的電腦遭到入侵，用戶的私鑰則將不只存在於自己的電腦之上。用戶的電腦損壞，泛指所有未經用戶同意，而導致私鑰從電腦上消失、找不到，例如下述情況：

1. 重新安裝 MetaMask：加密的私鑰仍在用戶的瀏覽器的儲存區，但是新安裝的 MetaMask 無法關連到過去存在的私鑰，用戶將無法透過 MetaMask 找到自己的私鑰。

2. 重新安裝瀏覽器：此須依實際情況而定，加密的私鑰可能已被刪除；若運氣好，還沒被刪除，用戶可試著在瀏覽器的儲存區尋找加密私鑰的檔案。

3. 作業系統或檔案系統壞了：此須依實際情況而定，加密的私鑰可能已損毀；若運氣好，還沒損毀，用戶可將硬碟連接至其他作業系統，試著找回加密私鑰的檔案，或尋求專業硬碟資料修復服務找回加密私鑰。

　　上述 3 種常見情況，前 2 種多留心即可避免；但第 3 種情況即便在正常使用下也可能發生，因此唯一可靠的應對方案就是異地備份。用戶可於 MetaMask 匯出私鑰，並將私鑰透過檔案壓縮軟體（如 7-Zip）以自設密碼加密壓縮，再將壓縮檔備份至雲端完成備份（上傳至雲端硬碟或寄信夾帶附件至用戶的雲端信箱）。

💡 小提醒

若讀者對雲端備份有疑慮，那就不要使用雲端，可考慮改另存備份在隨身碟、其他電腦或任何可信賴的儲存媒體中。

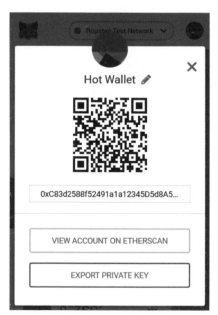

▲ 可透過 EXPORT PRIVATE KEY 功能匯出私鑰。
資料來源：MetaMask 網站。

　　因為用戶的備份係由自設的密碼保護，所以也請別忘記自己所設定的密碼。網路上有許多使用者密碼選擇教學，過去設定密碼被要求密碼要包含大小

寫英文字母、數字、特殊符號，讓這個密碼看起來很難被破解，但實際上這只會讓密碼很容易被忘記，並不會增加破解的難度；要實質增加電腦破解密碼難度，唯一要素只有密碼的長度。

💡 小提醒

以實際存在字詞加長密碼的方式，可能會被字典攻擊法破解，建議搭配其他規則使用。但記得長一點的密碼總是好的，例如筆者的家人過去就曾經用過「Oh~I can not remember my long long long password!」這種搞笑但好記的密碼。

討論過電腦損壞的應對措施後，我們接著要談的是電腦被入侵的情況。一旦發現電腦被入侵，唯一的建議就是立刻關閉電腦電源，接著透過其他電腦將加密貨幣／代幣轉到新的錢包，並且放棄被入侵電腦上的錢包，不再使用。

任何偉大的軟體都存在設計上的漏洞

以下是我們建議預防電腦被入侵讀者執行的措施：

1. 允許瀏覽器自動更新 MetaMask，透過自動更新盡速修補可能的漏洞。
2. 瀏覽器本身也可能存在未知漏洞，請允許瀏覽器自動更新。
3. 開啟作業系統自動更新和防火牆。
4. 安裝防毒軟體、間諜軟體檢測工具。

間諜軟體相關的攻擊手法包含：

1. 輸入私鑰或 12 個隨機詞組時，被鍵盤側錄軟體竊取資訊。若使用硬體錢包，則因無須手動輸入私鑰，遂可預防這種攻擊。
2. 間諜軟體可能在用戶使用複製貼上功能輸入錢包或合約地址時，以自己的資訊調換，竊取用戶的加密貨幣。可透過留意貼上地址是否符合預期，來避免此類攻擊。

風險 2：所有網站都會知道讀者安裝 MetaMask

當用戶使用 MetaMask 時，它將會蒐集用戶資料，用以改善 MetaMask 於其他可能的廣告行銷用途。然而，隨著各國資料保護法規漸趨嚴格，MetaMask 關於資料蒐集的規定也不斷變動中，有興趣的讀者可自行參考其最新的隱私條款。

除了會蒐集用戶的資料外，一旦用戶安裝 MetaMask，不論有無登入，所有網站都可以知道用戶電腦裝有 MetaMask。一旦用戶登入，所有網站皆可透過 MetaMask 取得讀者的錢包地址、以太幣或其他代幣餘額，以及所有歷史交易資訊。對電子商務網站或廣告商來說，這些資訊已經足以用來判定讀者是否為目標銷售對象；而對駭客來說，這些資訊也將大幅降低設計釣魚網站騙取用戶私鑰或 12 個隨機詞組的難度，一旦私鑰或 12 個隨機詞組被取得，讀者的以太坊帳戶也等於被控制了。

前面所述的釣魚方式，有一種是利用假造的 MetaMask 彈出式訊息，誘使用戶登入並輸入密碼，接著警示密碼輸入失敗，以騙取用戶的 12 個隨機詞組。若讀者有安裝 MetaMask，可試著在登出的狀況下拜訪下列由 Brandon Arvanaghi 製作的釣魚模擬網站網址：https://www.ethwalletsecurity.com/。此網頁會偵測到用戶裝有 MetaMask，且處於登出狀態。接著試著按下「Generate Notification」按鈕，即會彈出假造的 MetaMask 提示：「您的以太坊帳戶剛剛收到一筆轉帳。」藉此引誘讀者登入 MetaMask 並獲取更多資訊。

💡 小提醒

MetaMask 不會於登出的狀態下，提示讀者帳戶交易訊息。

另一種釣魚手法，是透過所有網頁分頁都會得知 MetaMask 狀態和資訊的特性，讀者於當前瀏覽的 MetaMask 網頁送出交易後，彈出假造的 MetaMask

交易失敗畫面，引誘讀者按下假造的重送交易按鈕，藉此觸發 MetaMask 交易，讓讀者自行將以太幣轉至攻擊者的錢包或合約。

建議讀者與去中心化應用程式互動時，可留心下列事項，避免因這類釣魚攻擊受害：

(1) 確認互動對象的錢包和合約地址：

每個透過 MetaMask 執行的交易都會清楚的列出交易對象或合約地址，請仔細核對交易對象或合約地址是否如讀者預期，若讀者無法確定交易對象或合約地址，即應該立刻終止這筆交易。

在 LastMile，讀者可於網頁最下方的「SMART CONTRACT」連結中找到 LastMile 的智能合約地址。在此也提醒讀者，在 LastMile 上用戶僅須與該智能合約互動、交易，即可完成所有募資、投資活動。

(2) 留意可疑的 MetaMask 交易提醒：

一旦對某個 MetaMask 交易提示的正確性產生懷疑，請直接拒絕並終止該筆交易。不會因為用戶的一次拒絕就將之列為拒絕往來戶，但所有讀者送出的交易都無法重來。

(3) 記得登出系統：

當不需要使用加密貨幣或其他代幣時，記得登出 MetaMask。

如此，讀者可以放心地在 LastMile 上進行交易。

更安全地使用 MetaMask 的小技巧

技巧 1：善用測試性小額交易驗證交易對象可信度

並非所有去中心化應用程式都是安全、可信的。因此，當讀者準備進行的交易包含大量以太幣或代幣轉帳支付時，請先試著執行小額的轉帳，並仔細確認小額轉帳產生的結果是否如讀者所預期。

舉例來說，若讀者想在 LastMile 上投資 100 個以太幣予某個 ICO，該 ICO 在 LastMile 上提供的兌換比例為 1 個以太幣可取得 100 個代幣（1ETH = 100Tokens），讀者可以先試著投資 2 個以太幣，並於 MY DASHBOARD 確認有相應的 200 個代幣預購產生，接著再進行餘下 98 個以太幣的投資。

雖然複數交易將產生額外的手續費，但與直接大額轉帳支付產生的風險和可能的損失相比，利用測試性的小額交易較可有效控制損失，也為主要的大額支付提供額外的保證。

技巧 2：建立冷熱錢包帳戶管理機制

　　如同讀者可在銀行開設不同帳戶，並指定不同帳戶專用於各種用途，如信用卡扣款、領取薪資、定存投資及日常消費等，讀者也可以透過 MetaMask 建立多個以太坊帳戶錢包（多把私鑰），並依使用目的分類、保管。我們將以最簡單的冷熱錢包帳戶分類作為示範，教讀者做好以太坊錢包帳戶的保護。

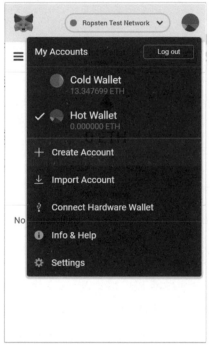

▲ 按下 MetaMask 右上數來第 2 個小人圖示，用戶會看到「Create Account」選項。按下「Create Account」，MetaMask 會立即為用戶建立新的以太坊錢包帳戶，用戶也可以在同個畫面選擇已建立的不同帳號來切換執行的身分。
透過上述方式，用戶可建立 2 個以太坊錢包帳戶，一個作為常用的熱錢包（Hot Wallet），另一個則作為保存加密貨幣和代幣用的冷錢包（Cold Wallet）。
資料來源：MetaMask 網站。

　　熱錢包作為與以太坊和互動的主要窗口，用於轉帳支付、收取加密貨幣或其他代幣，也做為用戶以太坊的表面身分。當用戶需要執行轉帳支付時，可從冷錢包轉帳足夠的以太幣至熱錢包，再由熱錢包進行實際轉帳支付；當用戶的

熱錢包收到虛擬貨幣或其他代幣時，也可立刻將之其轉帳至冷錢包，隨時將自己的熱錢包維持在虛擬貨幣不多的狀態。當用戶在以太坊的表面身分沒有太多虛擬貨幣時，成為釣魚網站攻擊目標的機會自然也隨之降低。

貧窮就是最好的防禦

即然有冷錢包作為讀者主要存放加密貨幣及其他代幣的錢包，讀者需要做的事情就是透過本文學到的方法，好好保護冷錢包私鑰和相應的 12 個隨機詞組。因為冷錢包並非為用戶主要暴露在外的加密身分，被有心人士盯上的機會自然也隨之降低。

使用冷錢包時應養成的好習慣：

1. 關閉所有正在瀏覽的網頁分頁，保持僅開啟瀏覽器的狀態。
2. 登入 MetaMask 並切換為冷錢包。
3. 透過冷錢包轉帳給熱錢包。
4. 切換為熱錢包後登出 MetaMask。

若讀者需要以更高規格保護冷錢包，則可以考慮下列做法：

1. 用另一個瀏覽器管理冷錢包。MetaMask 支援不同瀏覽器，如 Chrome、Firefox 等，讀者可將冷錢包交由較不常用之瀏覽器的 MetaMask 管理，把冷錢包和熱錢包虛擬隔離，也避免誤用。
2. 若虛擬隔離不放心，讀者可用另一台電腦管理冷錢包，將冷錢包和熱錢包實體隔離，進一步避免誤用。
3. 若覺得多台電腦不方便，讀者亦可購買硬體錢包，硬體錢包多以 USB 棒的形式存在，除宣稱能提供更高規格保護，功能也更為豐富。
4. 最後一招，找張紙抄下私鑰和 12 個隨機詞組，將它們和實體的銀行的存款簿、印鑑保存在一起。

很多時候，行得通的方法，就是最單純的方法。

💡 小提醒

雖然透過冷熱錢包的交替使用，可降低冷錢包曝露的風險，但因以太坊上的交易都是透明的，透過追蹤金流，仍可找到用戶的冷錢包。為此，許多更為進階的保護手法也廣為使用，例如：（1）準備多個冷錢包，避免單一冷錢包被鎖定成為攻擊目標；（2）每次冷錢包與熱錢包轉帳時，中間多轉幾個免洗錢包（用戶可透過 MetaMask 隨時建立新的免洗錢包），降低冷錢包被發現或被鎖定的可能性。

雖然上述都是可行的進階保護方式，但安全和方便總是處於天平的兩端，建議讀者掌握冷熱錢包的概念後，依用戶實際使用錢包帳戶的情境，拿捏調整適合自己的錢包帳戶管理模式。

總結

　　攻擊手法日新月異，資訊安全的保護也須與時俱進，讀者務必時時留意最新的以太坊錢包保護技巧，以持續安心使用 LastMile 所提供的優質服務。

　　最後，以下總結本文提到的重點，方便讀者未來快速閱覽應用。

風險清單與應對手法

風險 1：私鑰被 MetaMask 加密保存於瀏覽器本地資料儲存區

應對方式：

　　(1) 異地備份私鑰與 12 個隨機詞組。

　　(2) 自動更新 MetaMask、瀏覽器、作業系統。

　　(3) 啟動防火牆、安裝防毒軟體、間諜軟體檢測工具。

風險 2：所有網站都會知道讀者有安裝 MetaMask 的事實

應對方式：

　　(1) 確認互動對象的錢包和合約地址。

　　(2) 留意可疑的 MetaMask 交易提醒。

　　(3) 當不需要使用加密貨幣或代幣的時候，記得登出 MetaMask。

技巧清單

　　1. 善用測試性小額交易驗證交易對象可信度。

　　2. 建立冷熱錢包帳戶管理機制。

實戰應用篇

說好的穩賺不賠呢？

7 招教你看穿 ICO 詐騙

先研究不傷身體，再講求效果

請讀者試想，當你某日花費畢生積蓄購買大把代幣，興奮地等待其一飛衝天的時刻來臨，隔天起床卻發現該 ICO 的社群及網頁均人去樓空，血本無歸，一定是頓足搥心肝！

因此，本篇要與讀者分享的，並非會大漲的代幣名單，也非一覺醒來戶頭多了兩個億的煩惱要如何解決，而是在投資 ICO 代幣獲利前，如何避開 ICO 的詐騙陷阱。

虛擬代幣相對鬆散的監理和誇張的高獲利，讓許多騙子願意鋌而走險，因此詐騙的比例一直居高不下。騙術百百種而且日新月異，主要手法都是想方設法以低成本說服投資人這是一個**可信、有潛力的** ICO，等到錢到手就捲款消失或找藉口不履行承諾。

我們先來看一下有哪些典型詐騙 ICO 的手法，知己知彼才能對症下藥：

1. **剽竊**：寫一本好的白皮書太耗工了，有些詐騙 ICO 會剪貼別人的、甚至整個照抄，因此如果似曾相識或是前言後語兜不起來，就要注意了。不只是白皮書可以抄，程式碼也可以抄，有些詐騙 ICO 會複製別人的計畫書直接當成自己的成果，也要小心查證。

2. **虛構團隊或冒名頂替**：在評估 ICO 時，團隊的專業與經驗是一個很重要的指標，因此詐騙 ICO 為了讓自己看起來更可信、更有潛力，往往捏造經歷顯赫的虛擬人物，或是冒用幣圈或其他圈子的知名人士，用他人名聲為自己背書。

3. **穩賺不賠**：十賭九輸，世界上沒有所謂只贏不輸的賭局，穩賺不賠通常只是旁氏騙局的包裝，或是老鼠會的虛擬貨幣變形版。輕信這種說法，只會讓自己成為可以被重複收割的韭菜，炸彈傳到手中爆開，也不會太令人意外。

4. **賣空氣幣**：儘管白皮書寫得精美，商業模型說得天花亂墜，但是背後沒有任何支撐的代幣，就是「空氣幣」。有良心一些的 ICO 還會捏造合作大廠，有些甚至仗勢有名人站台，就索性連白皮書也不寫了。而這種 ICO 有人購買？其實為數不少。這些人傻傻地買入，等到炒高價格後，再倒貨給後頭更傻的人承接。股票市場的拉高出貨手法（pump and dump），在 ICO 的圈子中也相當盛行，甚至因為資訊不對等，有更加嚴重的情況。

5. **腳底抹好油**：對 ICO 詐騙方來說，能夠越快脫手，風險越低。因此，如何在被識破前拿錢走人，是詐騙的成功關鍵。例如設定一個很低的募資成功門檻（Soft Cap），讓 ICO 團隊可以輕易地拿到錢，到手後即直接停止計畫逃脫；或是沒有設定私募的閉鎖期，代幣一旦上交易所，就被團隊及私募成員倒貨，形成幣圈的「破發」（跌破發行價格）潮。還有一類是從發行代幣的智能合約上動手腳，讓團隊可以變更合約，甚至設置後門，以從合約裡直接拿走代幣。

除了 ICO 本身，圍繞著 ICO 的詐騙手法更為多元，例如假的首頁、假的交易所、假的電子錢包、代投 ICO 詐騙、竄改錢包地址的木馬程式，甚至騙取用戶私密資料的釣魚詐騙 ICO 等，千奇百怪、無奇不有，但本文主要聚焦在 ICO 本身的詐騙，後文將和大家分享看穿詐騙的幾個簡單要點。

　　除了抄襲、冒名頂替、保證獲利、拉高出貨這些詐騙會用到的手法，讓我們來看看在研究一個 ICO 的時候，要注意哪些點才能避免掉入詐騙陷阱呢？

第 1 招──看黑名單

　　檢查心儀的 ICO 是否已名列黑名單，前人的慘痛經驗或許能幫得上忙。

- **是否名列黑名單**：首先，檢查黑名單。網路上有很多網站（如下舉出的 3 個網站），整理了許多已確認詐騙或是疑似詐騙的 ICO 列表：
  - ▸ https://deadcoins.com/
  - ▸ https://www.coinopsy.com/dead-coins/ico/
  - ▸ https://concourseq.io/

第 2 招──看首頁

　　首頁是 ICO 的門面，也是資訊初始的主要來源。

▲ Cryptokami 募得 1,200 萬美元後即捲款潛逃，其首頁已無法使用。

- 有沒有 ICO 首頁：首頁連不上，就跟店門口貼著「老闆跑路中」的公告一樣，不用往下看了。
- 網頁有沒有合法憑證：如果連上首頁了，看看是「http」還是「https」？是自簽的憑證還是向憑證單位購買的？簽發的單位有在黑名單上嗎？雖然不是絕對，但是詐騙 ICO 常常為了省錢或是閃躲驗證程序，而使用自簽的憑證。至於使用「http」網址的首頁，若非團隊技術不足，就是太隨便不把資安當一回事，投資的錢不被駭客偷走才怪。
- 首頁的品質：雖然沒有一定的格式，但 ICO 首頁不外乎背景介紹、解決方案說明、ICO 資訊、團隊、路線專案圖（roadmap）等幾個部分，而且應該要有社群媒體的連結、白皮書下載的連結，少了任何一個部分都是警訊。通常首頁的品質，代表團隊對 ICO 的投入與重視；如果網頁的插圖比例扭曲、還帶有去背的毛邊，甚至根本盜用自他處，則該 ICO 是詐騙的機率不小。

第 3 招──看白皮書

白皮書就是 ICO 的說明書，沒看白皮書就投 ICO，跟閉著眼睛開車一樣危險。

- 有沒有白皮書：有的首頁做得花花綠綠，白皮書的 icon 和連結一應俱全，但點了沒反應。沒有白皮書，就謝謝再聯絡！
- 有沒有抄襲：Google 引擎相當方便，隨意圈選一段文字搜尋，就可以找出是否有類似、甚至一模一樣的文字；圖片也可以利用其以圖搜尋的功能，看一下出處，有沒有抄襲一目了然。連白皮書都用抄的，還有什麼誠信可言？

bitconnect

HOME　BITCOIN

BitConnect Coin Staking Interest

BitConnect Coin adopt a variable Proof of Stake(**PoS**) interest rate that will be given periodically payout as per following

Duration	Interest
1st 6 months Jan 2017 to June 2017	60% (10%per month)
2nd 6 months July 2017 to Dec 2017	50% (8%per month)
3rd 6 months Jan 2018 to June 2018	40% (7%per month)
4th 6 months July 2018 to Dec 2018	30% (5%per month)
5th 6 months Jan 2019 to June 2019	20% (3%per month)
6th 6 months July 2019 to Dec 2019	10% (1.4%per month)

▲「保證獲利」是旁式騙局的主要詐騙手段。

資料來源：cryptoslate。

- 有沒有保證收益：這是龐氏騙局最常用的誘人手段。只要白皮書裡提到每一期都有豐厚的利潤、穩賺不賠，還是少碰為妙。

- 白皮書過度理想：如果白皮書陳述的遠景美好得像夢境一樣，那很有可能真的就只是個夢。倘若解決方案理想得超乎常理，要嘛是說大話，要嘛是過度承諾。無論如何，此類 ICO 未來因達不到而放棄計畫的機率都很高。

- 代幣價值是否有其依憑：從白皮書的描述中，ICO 所發行的代幣背後是否有一個產品、服務、平台、生態圈、實體計畫或是實體組織在支撐，還是什麼都沒有，純粹等著上交易所炒作幣價的空氣幣？用信念或熱潮買沒有支撐的空氣幣，到頭來還是一場空。

- 是否等著這筆錢來開發：如果團隊什麼東西都還沒做出來，只是眼巴巴等著這個 ICO 的錢來開發第一版雛形，待經費入手後，團隊真的會動手開發嗎？甚至團隊真的有能力進行開發嗎？如果所有計畫執行內容，都得等團隊獲得資金以後才進行，那這個 ICO 的風險就很高了。

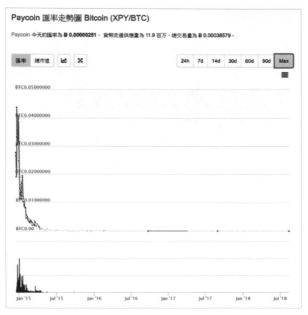

▲ Paycoin 的匯率走勢圖不合常理，亦被視作 ICO 詐騙。

資料來源：coingecko。

- **代幣的分配比例是否合理**：ICO 的本意是將代幣販售給一般投資人，而團隊自留一部分以支應未來的開發與營運，因此若代幣給團隊或顧問團的保留分，比例過多或過少都有問題。例如 PayCoin（XPY）的開發團隊把大部分的代幣都保留給自己，想要藉代幣升值牟利，而非真的有意好好經營區塊鏈服務，其創辦人因此被判詐欺罪。

- **ICO 的條件設定是否合理**：依照計畫規模判斷成功門檻（soft cap）是否過低，或是集資上限（hard cap）是否過高，募資期是否過長，對團隊與私募方是否有合理的閉鎖期等。

- **是否為了區塊鏈而區塊鏈**：此問題在少數正常的 ICO 上也會看到，須觀察若把區塊鏈技術拿掉，整個解決方案是否依然可行？若區塊鏈在此中存在的意義純粹是為了發行 ICO，即使不是詐騙，投資的意義也不大。

第 4 招──看團隊

團隊組成是 ICO 評估的另一重點。白皮書的閱讀重點是要做什麼、怎麼做，而團隊要觀察的重點是有無完成計畫的能力。

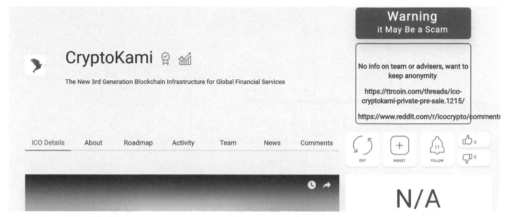

▲ 並未提供團隊及顧問的相關資訊，被舉報為 ICO 詐騙。

資料來源：ICOholder。

- 有沒有團隊資訊：沒有團隊資訊，出事求償無門無須考慮。

- 有沒有團隊成員基本資訊：確認除了名字、經歷外，是否有每個成員的照片和個人的社群連結，例如常見的 LinkedIn、Facebook、Twitter 等，可作進一步查核？如果都沒有，若非默默無名的路人團隊，就是根本心裡有鬼。

- 誰是負責人：有時候團隊洋洋灑灑列出頭銜響亮的高級顧問、擁有十八般武藝的經理人，但是卻看不出到底誰是負責人，根本就是群龍無首，當心求償無門。

- 圖文相符：這張照片真的是這個人嗎？詐騙 ICO 常由網路圖庫抓取人像照片，再捏造名字和經歷。在投資之前，還是先用 Google 搜尋名字及圖片，驗明正身吧！

- 驗明正身：就算圖片和文字都是真的，但是這個人真的有參與這個 ICO，或為這個 ICO 站台嗎？還是只是盜用一堆名人的身分，看起來星光熠熠，卻都是假的呢？從個人社群（如 LinkedIn）可以查證此人經歷、技能

是否與頭銜相符；如果是 ICO 顧問，多半會明白列出他為哪個 ICO 諮詢站台，討論中也會提到 ICO 或是區塊鏈相關的話題。如果都沒有，盜用身分的嫌疑就很大。如果還是看不出端倪，最後一招，發個私訊直接詢問確認。另外要注意的是，社群的帳號也有可能是假的，如果整個團隊的帳號都新創不滿一個月，就要特別注意。

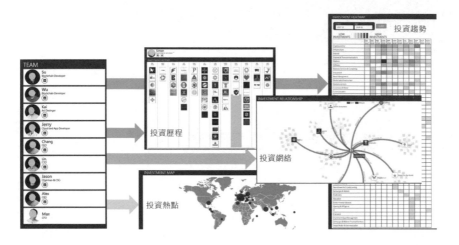

▲ ICO 關係網路的查詢工具。
資料來源：LastMile／Fusion$360 網站。

- **過去的成功經驗**：確認過成員的真假後，首先要評估的是這個團隊有辦法達成白皮書所承諾的事嗎？如果 ICO 針對的是某個特定領域的產品或服務，團隊裡卻沒有該領域的專家，那這個 ICO 就不甚可靠。如果團隊成員或顧問過去參與 ICO 的經驗豐富，成功的比例又很高，那就會為該 ICO 大大加分。但若過去的 ICO 都以失敗收場，甚至曾經參與過詐騙 ICO，還是趕緊抽身吧！

第 5 招──看社群媒體

ICO 通常會開通許多社群媒體，作為與潛在投資人或計畫參與者溝通的管道。因此，觀察這些社群管道，可以了解這個 ICO 項目是否還活躍；透過參

與者的提問與官方回應,也能解答一些疑問。

- **有沒有社群媒體**:正常的 ICO 為了觸及更多潛在用戶或投資人,多半會有官方的 Slack 或是 Telegram 頻道,或是其他像 Reddit、Twitter、Facebook 的官方帳號。就像正規公司的客服電話一樣,有對外的溝通管道。若完全沒有,就得懷疑這個團隊的真實性了!

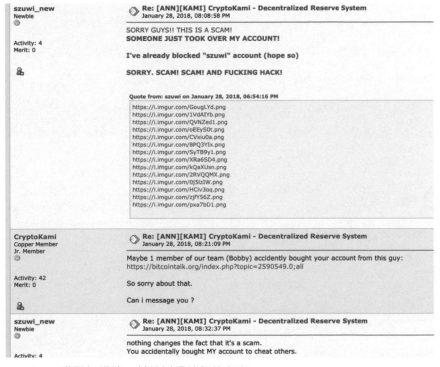

▲ CryptoKami 購買假帳號,並用以張貼假的留言。

資料來源:844BankBTC。

- **有沒有人參與**:社群有多少人加入及追蹤、每天有多少貼文及回應都相當重要,冷冷清清的社群就十分堪憂。但也不是人多就沒問題,在網路上買帳號、新創許多免洗帳號都不困難,得仔細觀察人潮是不是灌水的網軍,或是團隊自己一人分飾多角。如果討論的熱度和追蹤增長的趨勢不相符,那就表示有人在操弄數字。

- **討論與回應的質量**:如果版面上都是一堆新創的帳號,雖然有很多正面

推薦的留言，但都很簡短而且沒有說明理由，那大概是詐騙在灌水。如果
討論熱烈，但是主題與 ICO 相關性不大，那參考價值也不高。

● **跳脫官方提供資訊**：用 ICO 的名字加上「詐騙」（scam）查查看是否有
相關的討論，有沒有好或壞新聞，不要只接收官方提供的資訊，說不定網
路上已經有人找到可疑的地方。

第 6 招——看智能合約

這裡的涵蓋範圍，指的是利用以太坊 ERC20 規格發行代幣的 ICO，也是
目前 ICO 的主流。所有關於這個 ICO 的代幣操作規則都寫在智能合約裡，因
為區塊鏈去中心化的特性，整個合約是對外公開的，而且無法輕易更改，這也
是 ICO 互信的基礎。當然也有其他類型或標準的 ICO，讀者可跳過這個部分
不看。

▲ 揭載於 Etherscan 網站上的一份智能合約。

- **合約原始碼是否公開**：整個合約原始碼是否提供於以太坊公鏈的 Etherscan 網站上，而且 Etherscan 網站的 Code 驗證為完全符合（Exact Match）。只要到 Etherscan 上輸入合約的位址，就可以看到是否有原始碼，以及在 Code 這個 Tab 上，是否被打勾標示成 Exact Match，表示上傳的原始碼和該位址布署的合約完全相符。

- **合約原始碼是否有可疑的後門**：合約裡是否呼叫外部函數？如果有，確認外部函數所屬的合約是否為固定地址，而且已部署於以太坊，否則整個合約的行為可能依照外部函數而產生改變。另外，合約裡是否有用到 selfdestruct 函數也是確認重點，這個函數可以讓合約擁有者無視合約規則，取走所有的以太幣。最後，這個合約是否為可更新合約？如果是，則裡面的規則都不能作數。

- **是否使用較安全的運算**：確認是否使用 SafeMath 於所有的 unit 運算，是否僅使用 address.transfer（value）處理以太幣轉帳等。不安全的合約，風險自然比較高。

第 7 招──看專案路線圖

▲ ICO 專案路線圖範例。

資料來源：LastMile。

- **有沒有專案路線圖**：若對未來發展沒有規劃，則計畫繼續進行的可能性不高。
- **專案路線圖是否清楚且實際可行**：若團隊只是著眼於短期的財務獲利，而根本沒有長期的規劃，通常是 ICO 缺乏清楚的發展路線圖的主因。如果團隊又保留了大部分的預挖礦代幣給自己，幾乎就是詐騙的危險信號。

總結——老生常談，投資前要做功課！

　　ICO 和過去傳統融資管道最大的不同，不僅僅在於整個過程是在去中心化、無國界的網路世界中進行，而且融資的主體並不需要是一個真實的公司，而可以是一個臨時組成的「虛擬團隊」，這些特點為新創募資帶來了許多的靈活性與操作空間。反過來說，這些自由度也為投資方帶來了一切造假的高度風險。但這不代表 ICO 就是不好的，隨著區塊鏈技術的逐步完善，以及大眾對 ICO 詐騙的警覺與規範，雙方最終將達成某種和諧的平衡。

　　本文旨在教導讀者如何看穿詐騙的幾個重點，但凡事都有例外，ICO 詐騙的手法也會越來越精巧，小心查證不跟風，才是避免受騙的不二法門。

LastMile 結束募資教學
募資失敗篇

　　募資失敗總是對 ICO 團隊造成打擊，但請別灰心，失敗的經驗將會成為下次 ICO 募資成功的養分，LastMile 也將永遠敞開大門，協助團隊走完 ICO 募資的最後一哩路。

　　本篇將提供臺灣金融科技股份有限公司在 LastMile 上募資失敗後取回履約代幣的教學，若讀者也關心募資成功後，如何取得募得的以太幣，請參考第 333 頁的 LastMile 結束募資教學──募資成功篇。

結束募資

步驟 1

登入 LastMile 後，點擊右上方 MY DASHBOARD，進入 ICO 買賣管理頁面，頁面上半部為用戶已購買的代幣紀錄（BOUGHT 區塊）；而下半部為用戶正在進行募資的代幣項目（MY ICO 區塊）。

▲ MY DASHBOARD 頁面包含「BOUGHT」（已購買的 ICO）以及「MY ICO」（上架募資的 ICO）。

資料來源：LASTMILE 網站。

步驟 2

於 MY ICO 區塊選擇欲結束募資的 ICO，並點擊「FINALIZE」，用戶將可看到目前直接結束募資的預覽結果。

本篇選擇 ZeroState（ZSC）結束募資的案例作為範例。ZeroState 希望至少在 LastMile 上募得 100 個以太幣（MIN GOAL），而目前已募得 2 個以太幣（RAISED），此時結束募資，將會造成 ZeroState 在 LastMile 服務上募資失敗。

於確認結束募資的頁面，用戶可看到募資預覽結果（PRE-EVALUATE FINALIZATION RESULT）顯示為「FAILURE」。值得注意的是，我們特別於本例的代幣合約中準備足夠的履約代幣，所以當前的履約代幣單位數量（CURRENT TOKEN UNIT FOR CROWDSALE）會顯示為 $440*10^{18}$。但因本例之募資未達募資目標，所以全部的履約代幣均會退還給 ICO 團隊，而退還的金額將顯示於將退還代幣單位總額（TOKEN UNIT WILL BE REFUNDED）欄位中。

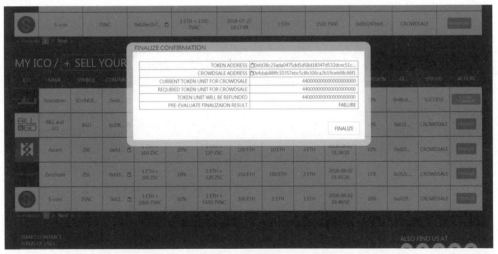

▲ 按下「FINALIZE」將會看到結束募資的預覽結果，本例中結束 ZeroState 募資的預覽結果為「FAILURE」。

資料來源：LASTMILE 網站。

步驟 3

　　若確定於將會失敗的狀況下結束募資，請按下預覽結果畫面中的「FINALIZE」，並接著按下 MetaMask 中的「SUBMIT」，確定執行結束 FINALIZE 交易，以告訴 LastMile 服務確定要結束募資。

　　接著，讀者可於 MY ICO 區域看到 ZeroState 的募資狀態已變為「FAILURE」，可執行的操作也從「FINALIZE」變為不可操作的「TOKEN REFUNDED」（代幣已退還）。同時，投資人也將看到可執行的操作由「BUY MORE」（購買更多代幣）變為「REFUND」（退還投資的以太幣）。

▲ 募資狀態已轉為「FAILURE」，可執行操作也由「BUY MORE」轉為「REFUND」。
資料來源：LASTMILE 網站。

　　最後，於 MetaMask 確認當初多提供的履約代幣是否成功退還到您的以太坊帳戶。例如本例中的 ZeroState，我們最後準備了 440 個 ZSC 幣履約，但因為募資失敗，所以最後全部用於履約的 ZSC 幣也退還到我們手中。

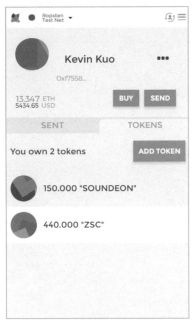

▲ 募資狀態已轉為「FAILURE」，可執行操作由「BUY MORE」轉為「REFUND」，用於履約的 ZSC 幣也已退還。
資料來源：LASTMILE 網站。

　　相較於其他 ICO 募資平台不會退還募資過程收取的代幣或佣金，LastMile 服務以智能合約打造去中心化 ICO 群眾募資服務，保障 ICO 團隊能於募資失敗時取回代幣，也不會被收取佣金，讓 ICO 團隊能保有最大的動量，將失敗的經驗化為下次在 LastMile 上成功募資的養分。

LastMile 結束募資教學
募資成功篇

在 LastMile 上，用戶可為自己的代幣進行群眾募資，並不會影響用戶其它正在進行的代幣 ICO 群眾募資，可作為用戶的另一個 ICO 的募資管道。在本篇教學中，我們將提供於 LastMile 結束募資的教學，教讀者如何在 LastMile 上結束募資，並獲取募得的以太幣。

結束募資

步驟 1

登入 LastMile 後，點擊右上方 MY DASHBOARD，進入 ICO 買賣管理頁面，頁面上半部為用戶已購買的代幣紀錄（BOUGHT 區塊）；而下半部為用戶正在進行募資的代幣項目（MY ICO 區塊）。

▲ MY DASHBOARD 頁面包含「BOUGHT」（已購買的 ICO）以及「MY ICO」（上架募資的 ICO）。

步驟 2

　　於 MY ICO 區塊選擇欲結束募資的 ICO，並點擊「FINALIZE」，用戶將可看到目前直接結束募資的預覽結果。

　　本篇選擇 Soundeon 結束募資的案例作為範例。Soundeon 希望至少在 LastMile 上募得 1 以太幣（MIN GOAL），而目前已募得 5 以太幣（RAISED），已準備好可以結束募資。

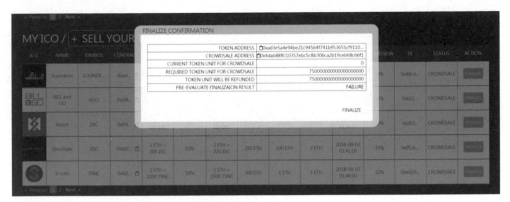

▲ 按下「FINALIZE」將會看到結束募資的預覽結果。
資料來源：LASTMILE 網站。

💡 小提醒

雖然本例已達成募資目標，但因為我們未在代幣合約上準備足夠履約代幣
（CURRENT TOKEN UNIT FOR CROWDSALE 提示當前履約代幣為 0），所以直
接結束募資預覽結果（PRE-EVALUATE FINALIZATION RESULT）欄位將顯示為
FAILURE。

步驟 3

為了讓 Soundeon 募資成功，我們必須前往 Soundeon 的代幣合約，並準備
足夠履約代幣，以履行 LastMile 服務的募資合約。

顯示履約代幣使用的單位與以太坊最小的貨幣單位 WEI 相同（1ETH
= 10^{18} WEI）。因此，本例中 Soundeon 的 EFFECTIVE RATE 為 1ETH =
150Soundeon，而我們最終募得 5 以太幣，所以應準備的履約代幣數量為
750,000,000,000,000,000,000（$5 \times 150 \times 10^{18}$）個。

用戶可由預覽結果畫面直接複製募資合約地址（CROWDSALE
ADDRESS），並透過下述方法（但不限於此法）將足夠履約的代幣提供給募
資合約地址：

1. 直接於代幣合約中，由有足夠代幣的帳號，將履約代幣透過 ERC20 轉帳功能轉到募資合約地址。

2. 若代幣為可鑄幣合約（Mintable），亦可透過鑄幣函數直接鑄幣給募資合約地址。

3. 由團隊成員買下代幣，再執行轉帳履約。

4. 透過其他代幣合約提供，可於募資合約地址產生履約代幣的功能。

　　當用戶準備好足夠履約的代幣，並再次按下「FINALIZE」，將可看到直接結束募資預覽結果顯示為 SUCCESS。再次按下預覽結果畫面中的「FINALIZE」，接著按下 MetaMask 中的「SUBMIT」確定執行 FINALIZE 交易，以告訴 LastMile 服務確定要結束募資。

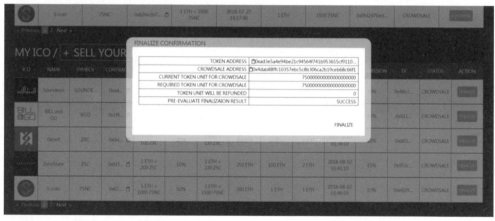

▲ 按下「FINALIZE」將會看到結束募資的預覽結果，本例中結束 Soudeon 募資的預覽結果為「SUCCESS」。

資料來源：LASTMILE 網站。

💡小提醒

若不小心準備了超過履約所需的代幣，當按下「FINALIZE」後，LastMile 服務即會自動將超過的履約代幣透過 ERC20 轉帳函數返還。

返還的代幣數量將顯示於「TOKEN UNIT WILL BE REFUNDED」欄位。本例中，我們準備了剛好的履約代幣數量，所以須返還的代幣數量顯示為 0。

步驟 4

按下「FINALIZE」結束募資後，將發現可執行的動作從「FINALIZE」變為「CLAIM ETHER」，而且「RAISED」減少了，減少的部分恰為 LastMile 抽取的佣金（COMMISSION）。

以 Soundeon 為例，佣金為總募得金額的 10%。本例共募得 5 以太幣，支付佣金後剩下 4.5 以太幣（4.5ETH = 5ETH − 5ETH × 10%）。

確認一切資訊無誤後，按下「CLAIM ETHER」來取得募得的剩餘以太幣，接著，同樣請於 MetaMask 按下「 SUBMIT」確認執行 CLAIM ETHER 交易。

▲ Soundeon 成功於 LastMile 完成募資。

💡 小提醒

在募資結束的當下，投資人也同時可領取代幣，如圖中 BOUGHT 區域所示。而因為圖片示範操作者也有購買 Soundeon，故可執行操作由「BUY MORE」（購買更多代幣）變為「CLAIM TOKEN」（領取代幣）。

最後，於 MetaMask 確認剩餘募資金額是否成功轉到您的以太坊帳戶。例如本例中，執行 CLAIM ETHER 前，以太幣餘額為 1.850，而本次募資扣除佣金後，餘額為 4.5 以太幣，故執行領取募資金額後餘額增為 6.350 以太幣（6.35ETH = 1.850ETH + 4.5ETH）。

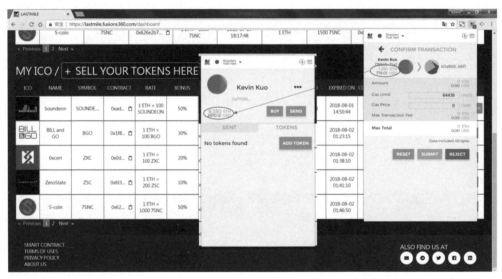

▲ 成功領取募資金額。

改變 ICO 場外交易的全新型態，
建立透明且可信賴的 ICO 私募平台

FirstMile

　　近幾年來，隨著區塊鏈、加密貨幣與代幣經濟的蓬勃發展，ICO 開始逐漸取代過去的傳統集資工具，成為新創團隊主要的募資手段。事實上，買賣加密貨幣，除透過交易所外，還有許多大宗交易都是在場外交易（OTC）進行的。

　　觀察每個 ICO 在整個生命週期中，都會以兩個階段進入 ICO OTC 市場，第一個是私募階段。在這個階段，ICO 團隊必須聯繫天使投資人或創投，為後續活動提供資金，例如拍攝項目影片，開發最簡可行產品（MVP），準備路演，運營社交管道等。另一個階段是代幣公開銷售的最後階段，發生在那些就快達到籌款目標，但募款期限將屆的 ICO 項目身上。為了衝破 ICO 的最低募款限額（Soft Cap），項目團隊會透過場外交易尋求更多能即時到位的資金。

　　與一般 ICO 的公開眾籌相比，ICO 的場外交易因為直接在 ICO 團隊和投資者之間進行，所以不受區塊鏈上的代幣分銷智能合約所管控。然而，採用 ICO 代幣分配智能合約的好處，是因為智是開放且不可竄改的，所以具有促進流動性，提供透明度和維持當前代幣價格的好處。相對來說，因為進行場外交易的項目團隊和私人投資者通常對公眾不透明，所以交易中存在許多不確定性，例如，在收到整個資金之前，ICO 團隊將繼續擔心資金是否會到位；而私人投資者也會擔心該項目是否是一場騙局。

　　為解決 ICO 私募階段市場的問題與供需落差，分散式投資者與 ICO 項目間的場外交易媒合平台 FirstMile 應用而生。對 ICO 項目方來說，FirstMile 協助優秀團隊觸及廣大的投資者網絡以獲得強大的財務支援，並且提供經驗豐富的區塊鏈技術專家、顧問支援。而對投資者來說，FirstMile 篩選優質的投資機會，並且透過與項目方協商，為投資者爭取了最優惠的價格。

　　針對每一個 ICO 項目，FirstMile 都提供了獨家的 ICO 評估報告；而且整個場外交易的進行都透過智能合約掌控，投資方的資金預先信託於合約中，而項目必須以議定的代幣履約才能提取合約中的資金，大幅降低雙方交易風險。

FirstMile 首發案例 Keyoto

在 FirstMile 上架進行私募的 Keyoto ICO，背景是來自瑞典的資安科技大廠 Keypasco 公司，擁有 20 年以上資安產業經驗的技術團隊，以及其具革命性的用戶身份驗證核心技術。

代幣小檔案

ICO 代幣名稱： KEYO

ICO 代幣初始價格： 1KEYO = 0.05美元

ICO 代幣發行地區： 新加坡

ICO 代幣發行預售輪： 2018.10.01 ～ 2019.01.31

ICO 代幣價值： 約 25,000,000 美元

Keypasco 跳脫傳統硬體安全設備思維，開發了一個創新的身分認證機制，利用個人設備及地理位置，以其獨特的雙管道認證機制專利，搭配智慧風險管理引擎來強化網路使用者的身分安全，為在線服務提供商和用戶間提供安全保障。

Keypasco 推出的超級錢包則是 Keypasco 的區塊鏈解決方案，這是一款未來可以取代所有區塊鏈錢包的服務，包括：

1. **區塊鏈的私鑰存儲和恢復**：在區塊鏈中，私鑰管控了數位資產的存取權限；若私鑰被竊取，則將隨之失去數位資產的所有權。與現今多數安全解決方案的相異之處在於，Keypasco 只在必要時組合完整金鑰，而不存放私密金鑰，因此就沒有偷竊或遺失的目標。此解決方案相當安全、便於使用，不須負任何安全風險即能備份與復原。

2. **KeypascoID**：KeypascoID 是分散式的聯合單一簽署認證服務（SSO），終端使用者只需要一組 KeypascoID，就得以使用無數在區塊鏈與傳統互聯網上提供的服務。

3. **匿名小額支付**：如何解決用戶身分認證及跨境支付，一直是網路媒體服務運營商在拓展全球業務時所遭遇的關鍵問題。Keypasco 結合身分

認證與加密貨幣方式，提供有效的解決方案，利用 Keypasco 小額付款機制，終端使用者可以匿名方式完成。

在 FirstMile 平台上架，Keyoto ICO 除可獲得專業技術及商業顧問諮詢，更能有效觸及整個投資者網絡；而 FirstMile 的場外交易智能合約，也會自動化進行 Keyoto ICO 所需的 KYC 篩選、國別限制，並且對投資與項目雙方提供了透明且公開的信賴保障。

代幣經濟崛起：洞見趨勢，看準未來，精選全球50則大型
區塊鏈募資案例

2019年2月初版　　　　　　　　　　　　　　　　　定價：新臺幣390元
有著作權・翻印必究
Printed in Taiwan.

著　者	王	可	言
	李	漢	超
	林	蔚	君
叢書編輯	林	莛	蓁
校　對	王	育	姿
封面設計	楊	舒	雅
內文排版	李	信	慧
編輯主任	陳	逸	華

編輯群：
沈佳茵、洪雅筠、陳元昊、郭彥宏、黃靖峰、蔡其杭
鄭家宜、鄒淑文

出　版　者	聯經出版事業股份有限公司	總　編　輯	胡　金　倫
地　　　址	新北市汐止區大同路一段369號1樓	總　經　理	陳　芝　宇
編輯部地址	新北市汐止區大同路一段369號1樓	社　　長	羅　國　俊
叢書主編電話	(02)86925588轉5315	發　行　人	林　載　爵
台北聯經書房	台北市新生南路三段94號		
電　　　話	(02)23620308		
台中分公司	台中市北區崇德路一段198號		
暨門市電話	(04)22312023		
台中電子信箱	e-mail：linking2@ms42.hinet.net		
郵政劃撥帳戶第0100559-3號			
郵撥電話	(02)23620308		
印　刷　者	文聯彩色製版印刷有限公司		
總　經　銷	聯合發行股份有限公司		
發　行　所	新北市新店區寶橋路235巷6弄6號2樓		
電　　　話	(02)29178022		

行政院新聞局出版事業登記證局版臺業字第0130號

本書如有缺頁，破損，倒裝請寄回台北聯經書房更換。　ISBN 978-957-08-5252-3 (平裝)
聯經網址：www.linkingbooks.com.tw
電子信箱：linking@udngroup.com

國家圖書館出版品預行編目資料

代幣經濟崛起：洞見趨勢，看準未來，精選全球50則
大型區塊鏈募資案例/王可言、李漢超、林蔚君著 . 初版 .
新北市 . 聯經 . 2019年2月（民108年）. 344面 . 17×23公分
ISBN 978-957-08-5252-3（平裝）

1.國際貨幣經濟學　2.電子貨幣

561　　　　　　　　　　　　　　　　　　　　107023190